CON JESÚS A LA CRUZ

Una guía de Cuaresma
sobre las lecturas de la Misa dominical:
Año C

Una guía católica para grupos pequeños

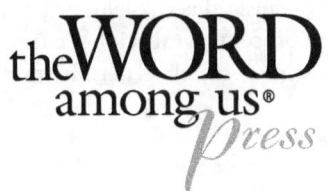

Copyright © 2016 The Evangelical Catholic
Todos los derechos reservados.

Publicado por The Word Among Us Press
7115 Guilford Drive, Suite 100
Frederick, Maryland 21704
www.wau.org

25 24 23 22 21   4 5 6 7 8

Nihil obstat: Reverendo Michael Morgan, J.D., J.C.L.
Censor Librorum
30 de noviembre de 2015

Imprimatur: Reverendísimo Felipe J. Estevez
Obispo de San Agustín
30 de noviembre de 2015

ISBN: 978-1-59325-610-4

Los textos de las Sagradas Escrituras están tomados de la Biblia *El Libro del Pueblo de Dios* Copyright © 2007 Libreria Editrice Vaticana. Utilizado con permiso. Todos los derechos reservados.

Se utilizan extractos del *Catecismo de la Iglesia Católica* Copyright © 2005 Libreria Editrice Vaticana.

Diseño de portada por Andrea Alvarez
Imagen de portada: *Compassion I*. 1897.
William-Adolphe Bouguereau (1825-1905)
Ubicación: Musée d'Orsay, París, Francia
Crédito de la foto: © RMN-Grand Palais/Art Resource, NY

Ninguna parte de esta publicación puede ser reproducida, almacenada en un sistema de recuperación o transmitida en cualquier forma o por cualquier medio (electrónico, mecánico, fotocopia, grabación o cualquier otro), excepto por citas breves en revisiones impresas, sin el permiso previo del autor y el editor.

Contenido

Introducción / 5

¿Cómo usar esta guía para grupos pequeños? / 8

Primer domingo de Cuaresma: Esperanza en el desierto / 14

Segundo domingo de Cuaresma: Escuchar a Dios / 26

Tercer domingo de Cuaresma: El fruto de la libertad / 40

Cuarto domingo de Cuaresma: Abrazando el perdón / 52

Quinto domingo de Cuaresma: Sigue adelante hacia la meta / 66

Domingo de Ramos de la Pasión del Señor: Jesús, recuérdame / 76

Domingo de Resurrección: Encuentro con el Señor resucitado / 94

Apéndices para participantes / 108

> Apéndice A: Guía de debate para grupos pequeños / 110
>
> Apéndice B: Una guía para leer las Sagradas Escrituras, los maestros espirituales y los santos / 113
>
> Apéndice C: Aprende a escuchar a Dios / 124
>
> Apéndice D: El proceso del perdón / 129
>
> Apéndice E: Guía del Sacramento de la Reconciliación / 137

Apéndices para facilitadores / 140

    Apéndice F: El papel de un facilitador / 142

    Apéndice G: Una guía para cada sesión de *Con Jesús a la Cruz: Año C* / 148

    Apéndice H: Oración guiada y "Conexión con la Cruz esta semana" / 168

Introducción

> "Pero aún ahora —**oráculo del Señor**— vuelvan a mí de **todo corazón**...".
>
> Joel 2, 12
>
> (de las lecturas del Miércoles de Ceniza)

Cuando nos preocupamos por algo o alguien con todo nuestro corazón, nunca nos resulta difícil involucrarnos. Nos lanzamos a lo que nos importa de forma comprometida.

El deportista se dedica a un riguroso entrenamiento diario para competir en su más alto rendimiento. El estudiante de música pasa incontables horas practicando su instrumento para actuar espléndidamente en el concierto. Los padres cuidan a sus hijos con devoción porque no aman nada en el mundo más que estas pequeñas personas preciadas. Vemos este tipo de dedicación de todo corazón todos los días de nuestras vidas.

A veces, lo vemos hacia Dios.

Así es como esperamos que abordes este estudio: con la dedicación que viene solo de llegar a ser sincero acerca de tu relación con Dios.

Esto requiere un tipo especial de compromiso. Dios puede parecer distante, y la fe, un asunto para el futuro lejano, insuficientemente cercano para exigir nuestra atención. Es fácil pensar que no podemos traer la intensidad del interés y el compromiso con Dios que traemos a nuestras relaciones, nuestros estudios, nuestros intereses, nuestras metas y aspiraciones. Solo los santos y los fanáticos hacen eso.

Pero Dios no dice: "Quiero que solo las personas santas regresen a mí". Él nos llama a cada uno de nosotros a ir a Él con todo nuestro corazón.

Si resultaras gravemente herido en un accidente automovilístico esta misma noche, ¿qué crees que importaría más: Dios o tus metas y aspiraciones? A través de la Cuaresma, la Iglesia dice: "No esperes hasta la catástrofe. Date cuenta *ahora* de que tu esperanza está en un Dios que 'ha bajado a librarlo' (ver Semana 3; Éxodo 3, 8).

Dios no quiere una relación contigo solo cuando estás en crisis. Dios nos ama así como los padres aman a sus hijos. Dios quiere esa relación *ahora*, todos los días, porque esa es la forma en que Dios nos ama y nos atiende.

Dios no forzará su camino en nuestros corazones. Debemos invitar a Dios. Cuando nos demos cuenta de que queremos más que nada que Dios nos haga a cada uno de nosotros una "nueva criatura" (ver Semana 4; 2 Corintios 5, 17), no en algún momento futuro imprevisto, sino ahora mismo, aceptaremos su invitación a una relación más profunda a través de Jesús. Si cedes centímetros, Dios avanzará kilómetros. Dios está tan enamorado de ti que no puede resistirse a apresurarse a sanar tu corazón y hacerte nuevo.

Esta guía trata de invitar a Dios a nuestras vidas para transformarnos a través de las lecturas de Cuaresma.

La transformación de un deportista mediocre en un verdadero atleta o de un músico amateur en un artista de concierto solo ocurre si nos comprometemos de todo corazón con el proceso que requiere. Si queremos que Dios transforme nuestras vidas, entonces debemos darle el tiempo y la oportunidad de sumergirnos más profundamente a la vida, muerte y resurrección de su Hijo, Jesús.

La gran diferencia es que a Dios no le importa nuestro "desempeño" en la oración, solo quiere estar con nosotros. Hacer tiempo para eso requiere un compromiso de nuestra parte.

Sabemos lo que significa un compromiso a medias: esa dieta que estamos "casi" haciendo, esos libros en nuestra mesita de noche que podríamos leer algún día, el proyecto en el que trabajamos esporádicamente. La ganancia es mínima, si es que ganamos algo, porque no nos hemos comprometido a eso con todo nuestro corazón.

No dejes que eso te suceda esta Cuaresma.

Introducción

¿Cómo usar esta guía para grupos pequeños?

Bienvenidos a *Con Jesús a la Cruz: Año C*, una guía para grupos pequeños diseñada para ayudar a las personas a conocer a Jesús de Nazaret más profundamente y comprender más plenamente las implicaciones de su muerte y resurrección.

Calendario de las sesiones

Esta guía está diseñada para que tú, o tu pequeño grupo si eres parte de uno, puedan reflexionar durante la semana anterior sobre los pasajes de las Sagradas Escrituras que se leerán en la Misa de cada domingo. Esto permitirá que Dios te hable mucho más que si escucharas estos pasajes por primera vez durante la Misa.

Debido a que la primera sesión de *Con Jesús a la Cruz* comenta las lecturas para el Primer domingo de Cuaresma, tu pequeño grupo tendrá que reunirse durante la semana del Miércoles de Ceniza.

Si no estás en un grupo, estudia los pasajes de las Sagradas Escrituras y responde las preguntas tú mismo. Si bien un debate grupal siempre profundiza nuestra comprensión y proporciona el sentimiento de comunidad cristiana que todos necesitamos, aún puedes beneficiarte de leer las Sagradas Escrituras antes de la Misa y permitir que Dios guíe tus pensamientos.

Seis estudios te llevan a través del Domingo de la Pasión. Debido a que la Semana Santa incluye oraciones litúrgicas para los tres días santos más importantes de la Iglesia, no se proporcionan materiales adicionales para esa semana. Asiste a tantos servicios de Semana Santa como puedas: completarás tu experiencia de Cuaresma.

Reúnete de nuevo para debatir la sesión del Domingo de Pascua (Semana 7) durante la Octava de Pascua. (Esta es la designación tradicional de los ocho días de la fiesta de Pascua, desde el Domingo de Pascua hasta el domingo siguiente).

Si asistes de forma comprometida a este grupo de Cuaresma y practicas los ejercicios espirituales proporcionados en la sección "Conexión con la Cruz esta semana" de cada sesión, Dios transformará tu vida de alguna manera. Simplemente, necesitas predisponer todo tu corazón. No te arrepentirás.

Sesiones semanales

Las sesiones semanales utilizan las lecturas de la Misa dominical de Cuaresma para ayudarte a entrar más profundamente en el misterio de la vida y el sufrimiento de Cristo, y nuestra redención. Cada sesión incluye sugerencias escritas para la oración de apertura y la oración final, los pasajes de las Sagradas Escrituras que se compartirán esa semana, preguntas para el debate, ideas para la acción y consignas de oración para llevarlo a cabo a lo largo de la semana.

Las sesiones de esta guía son autónomas. Si tú o un amigo asisten por primera vez en la Semana 3, no habrá necesidad de "ponerse al día", porque cualquiera puede unirse directamente con el resto del grupo. Al igual que con la Cuaresma, en lugar de construir secuencialmente, las sesiones profundizan temáticamente, ayudándote a involucrarte más con Jesús y la Cruz poco a poco.

Cuanto más tomes notas, anotes ideas o preguntas, subrayes versículos en tu Biblia (*se recomienda* traer una a tu grupo pequeño) y se haga referencia a las sesiones de semanas anteriores, más oportunidad tendrá Dios de hablarte a través de los debates y las ideas que deposita en tu corazón. Como con cualquier otra cosa, cuanto más entregas, más te vuelve.

La mejor manera de aprovechar el debate de cada semana es llevar el tema a tu vida utilizando la sección "Conexión con la Cruz esta semana". Piensa en ello como una plataforma de lanzamiento para encontrarte con Jesús todos los días. Los ejercicios le permitirán a Jesús iluminar tu corazón y tu mente tanto sobre el sufrimiento de la Cuaresma como sobre el gozo de la Resurrección. Si estás debatiendo las lecturas con un grupo pequeño, el facilitador les dará la oportunidad de compartir experiencias de la semana anterior y comentará sobre las recomendaciones para la próxima semana durante cada sesión.

Cada sesión semanal incluye las lecturas diarias de la Misa para la próxima semana. Puedes buscarlos en tu Biblia o usar varias aplicaciones gratuitas populares que presentan las lecturas diarias, como *Laudate* e *iMissal*. Además, las lecturas diarias están disponibles en el sitio web de la Conferencia de Obispos Católicos de los Estados Unidos, usccb.org, que también cuenta con una versión de audio (http://bible.usccb.org/podcasts/audio).

Podrías considerar asistir a Misa todos los días en algún momento durante la Cuaresma, o incluso semanalmente, si eso no es algo que ya haces. Muchas riquezas espirituales provienen de la recepción más frecuente de la Eucaristía.

Apéndices

Los apéndices serán útiles tanto para los participantes como para los facilitadores que complementan los materiales semanales. Los Apéndices A hasta E son para los participantes, y los Apéndices F hasta H son para los facilitadores de grupo.

Antes de tu primera reunión de grupo, lee el Apéndice A: "Guía de debate para grupos pequeños". Estas pautas ayudarán a cada persona en el grupo a establecer un tono respetuoso que cree el espacio para encontrar a Cristo juntos.

Este grupo pequeño diferirá de otros grupos de charla que puedas haber experimentado. ¿Es una disertación? No. ¿Un club de lectura? No. El Apéndice A te ayudará a entender qué es este grupo pequeño y cómo puedes ayudar a buscar una charla "guiada por el Espíritu". Cada miembro es responsable de la calidad de la dinámica de grupo. Este apéndice te dará datos útiles para ser un miembro de apoyo e involucrado del grupo.

El Apéndice B es un recurso para mejorar y profundizar tu relación con Jesús. En él, encontrarás una guía paso a paso para leer las Sagradas Escrituras por tu cuenta. Te muestra cómo meditar y aplicar lo que encuentras allí. El Apéndice B también ofrece ayuda para encontrar otra lectura espiritual que pueda mejorar y profundizar tu aprecio por las enseñanzas y la persona de Jesús.

El Apéndice C complementa la sesión para el Segundo domingo de Cuaresma: "Escuchando a Dios". Proporciona orientación sobre las formas de escuchar y hablar con Dios, e incluye pensamientos de una de los más grandes maestras de la Iglesia sobre la oración, Santa Teresa de Ávila.

El Apéndice D proporciona una manera de avanzar hacia el perdón de heridas profundas. Complementa el Cuarto domingo de Cuaresma: "Abrazando el Perdón". El perdón lleva tiempo y, a menudo, también asistencia y orientación. Este apéndice comparte la sabiduría de un erudito católico que ha investigado el proceso del perdón y cómo se desarrolla.

En el Apéndice E, encontrarás una guía para el Sacramento de la Reconciliación. Comúnmente conocido como "Confesión", el Sacramento de la Reconciliación cierra la distancia entre nosotros y Dios que puede ser causada por una variedad de razones, incluido el pecado no arrepentido. La Iglesia enseña a los católicos a recibir este sacramento cada Cuaresma, pero es tremendamente útil practicarlo con más frecuencia. Si quieres acercarte más a Jesús y experimentar una gran paz, el Sacramento de la Reconciliación es una forma indispensable de hacerlo. Este apéndice te guía a través de los pasos para prepararse e ir a la confesión con el fin de disminuir cualquier ansiedad que pueda sentir.

Si bien los Apéndices A a E son importantes tanto para los participantes de grupos pequeños como para los facilitadores, los Apéndices F a H apoyan al facilitador en su función.

Un facilitador no es un maestro. Su función es impulsar la conversación, motivar un debate grupal fructífero y atender la dinámica grupal.

En el Apéndice F, el facilitador del grupo encontrará orientación y mejores prácticas para conducir con éxito un grupo pequeño. Hemos reunido recomendaciones para algunas posibles dinámicas conflictivas de grupo. Encontrarás pautas sobre lo que hace que un lindo grupo funcione: construir amistades genuinas, llamar al Espíritu Santo para que sea el verdadero facilitador del grupo y buscar el gozo juntos.

El Apéndice G lleva al facilitador de lo general a lo específico, proporcionando notas detalladas del líder para cada sesión de *Con Jesús a la Cruz*. Utiliza este apéndice mientras te preparas para las reuniones de grupo en esas semanas. Las notas te dan un "aviso" sobre el contenido y las cuestiones que pertenecen a la charla que el facilitador debe abordar.

El Apéndice H ayuda al facilitador a guiar la oración y alentar la participación de los miembros del grupo en la oración. Si bien el material de cada sesión incluye una oración sugerida, el Apéndice H guía al facilitador en cómo rezar en voz alta espontáneamente y ayudar a otros en el grupo a hacerlo también.

Aprender esta habilidad es importante. Establecerá un modelo de cómo hablar con Jesús en sus propias palabras para los miembros del grupo. Cerrar con oraciones espontáneas es una forma extremadamente valiosa de aprovechar el tiempo que han pasado juntos ofreciendo los descubrimientos, preguntas y gozo de su conversación. El Apéndice H te ayudará a guiar a tu grupo desde los comienzos incómodos hasta una experiencia más profunda de hablar con Dios.

El Apéndice H también le da al facilitador más información sobre cómo usar las secciones "Conexión con la Cruz esta semana" en cada sesión. Los facilitadores deben motivar y apoyar a los miembros del grupo en su compromiso personal con los temas discutidos a medida que profundizan su compromiso para permitir que Jesús se convierta cada vez más en parte de sus vidas.

¡Disfruta de la aventura!

1.° Domingo de Cuaresma
Esperanza en el desierto

Primer domingo de Cuaresma

Pídele a una persona que rece lentamente
la siguiente oración en voz alta.

En el nombre del Padre, del Hijo y del Espíritu Santo.
Padre, Tú nos ves siempre y nos escuchas cada vez que rezamos, aunque sea en secreto. Escucha nuestras oraciones ahora.

Jesús, Tú dijiste: "Porque donde hay dos o tres reunidos en mi Nombre, yo estoy presente en medio de ellos" (Cf. Mateo 18, 20). Nos reunimos ahora para entenderte mejor y seguirte más de cerca. Ven aquí entre nosotros.

Espíritu Santo, Tú intercedes y rezas dentro de nosotros cuando nosotros mismos no sabemos cómo rezar. Escuchemos tu voz hablando a nuestros corazones a través de las Sagradas Escrituras. Guía nuestra charla y únenos con lazos de amor.

Señor Dios, confiamos en tus promesas. Nos detenemos ante ti ahora para recordar, respirar hondo y reconocer tu presencia con nosotros.

(Pausa)

Te damos las gracias por este tiempo que tenemos para pasar contigo meditando en tu palabra. Danos la esperanza que necesitamos para confiar en tus promesas.
Pedimos esto a través de Cristo Nuestro Señor. **Amén.**

Debate de apertura
Primer domingo de Cuaresma

Pide a una persona que lea el siguiente párrafo en voz alta.

En este Primer domingo de Cuaresma, las lecturas nos muestran la fidelidad de Dios a sus promesas. Miramos hacia atrás a la salvación de los israelitas de Egipto y miramos hacia adelante con esperanza a la resurrección, la última promesa de salvación de Dios. Al comenzar nuestro propio viaje hacia el desierto esta Cuaresma, la Iglesia nos recuerda la promesa de Dios de conducirnos a la verdadera libertad.

1. ¿Alguna vez un amigo o familiar ha prometido hacer algo por ti? ¿Cumplieron? ¿Cómo afectó la fidelidad a la promesa de ellos tu relación futura con esta persona?

2. ¿Por qué crees que es tan difícil confiar en Dios cuando decimos que creemos que Dios es todopoderoso?

Pide a una persona que lea el pasaje de las Sagradas Escrituras en voz alta.

Deuteronomio 26, 4-10

⁴"El sacerdote tomará la canasta que tú le entregues, la depositará ante el altar, ⁵y tú pronunciarás estas palabras en presencia del Señor, tu Dios. 'Mi padre era un arameo errante que bajó a Egipto y se refugió allí con unos pocos hombres, pero luego se convirtió en una nación grande, fuerte y numerosa. ⁶Los egipcios nos maltrataron, nos oprimieron y nos impusieron una dura servidumbre. ⁷Entonces pedimos auxilio al Señor, el Dios de nuestros padres, y Él escuchó nuestra voz. Él vio nuestra miseria, nuestro cansancio y nuestra opresión. ⁸y nos hizo salir de Egipto con el poder de su mano y la fuerza de su brazo, en medio de un gran terror, de signos y prodigios. ⁹Él nos trajo a este lugar y nos dio esta tierra que emana leche y miel. ¹⁰Por eso, ofrezco ahora las primicias de los frutos del suelo que Tú, Señor, me diste'. Tú depositarás las primicias ante el Señor, tu Dios, y te postrarás ante el Señor, tu Dios, y te postrarás delante de Él".

1. ¿Qué pruebas relata el autor en la historia del pueblo israelita?

2. ¿Qué caracteriza la vida de un esclavo? ¿Cómo verías a Dios si fueras esclavizado como los israelitas?

3. ¿Qué triunfos enumera el autor?

4. ¿Qué papel jugó Dios en la historia de los israelitas?

5. Cuando miras hacia atrás en tu vida, ¿qué obstáculos y triunfos ves? ¿Puedes ver a Dios obrando en esos eventos de tu vida?

6. El Señor prometió a su pueblo que los llevaría a la Tierra Prometida que emana leche y miel. ¿Qué promesas nos ha hecho Dios en las Sagradas Escrituras? ¿Tienes esperanza de que Dios cumpla estas promesas?

Pide a una persona que lea el pasaje de las Sagradas Escrituras en voz alta.

Lucas 4, 1-13

[1] Jesús, lleno del Espíritu Santo, regresó de las orillas del Jordán y fue conducido por el Espíritu al desierto, [2] donde fue tentado por el demonio durante cuarenta días. No comió nada durante esos días, y al cabo de ellos tuvo hambre. [3] El demonio le dijo entonces: "Si tú eres Hijo de Dios, manda a esta piedra que se convierta en pan". [4] Pero Jesús le respondió: "Dice la Escritura: 'El hombre no vive solamente de pan'". [5] Luego el demonio lo llevó a un lugar más alto, le mostró en un instante todos los reinos de la tierra [6] y le dijo: "Te daré todo este poder y esplendor de estos reinos, porque me han sido entregados, y yo los doy a quien quiero. [7] Si tú te postras delante de mí, todo eso te pertenecerá". [8] Pero Jesús le respondió: "Está escrito:

> 'Adorarás al SEÑOR, tu Dios,
> y a él solo rendirás culto'".

[9] Después el demonio lo condujo a Jerusalén, lo puso en la parte más alta del Templo y le dijo: "Si tú eres Hijo de Dios, tírate de aquí abajo, [10] porque está escrito:

> 'El dará órdenes a sus ángeles para que ellos te cuiden'.
> [11] Y también:
> 'Ellos te llevarán en sus manos
> para que tu pie no tropiece con ninguna piedra'".

¹² Pero Jesús le respondió: "Está escrito: 'No tentarás al Señor, tu Dios'". ¹³ Una vez agotadas todas las formas de tentación, el demonio se alejó de él, hasta el momento oportuno.

1. ¿Cuál es la condición de Jesús cuando se encuentra con el demonio?

2. ¿Qué significado simbólico tendría el desierto para el pueblo judío de la época de Jesús? ¿Qué te viene a la mente cuando hablan de desierto?

3. ¿De qué tres maneras tienta el demonio a Jesús?

4. ¿Cómo resiste Jesús? ¿Cómo crees que fue para Jesús ser tentado?

5. ¿Qué nos muestra esta interacción acerca de Jesús?

6. ¿En qué se parecen nuestras tentaciones a las de Jesús en el desierto? ¿En qué se diferencian? ¿Qué esperanzas debemos tener para resistir?

7. ¿De qué manera podemos imitar la respuesta de Jesús al demonio?

Jesús fue capaz de resistir al demonio con la ayuda de pasajes de las Sagradas Escrituras que conocía tan bien que estaban escritos en su corazón. En su exhortación apostólica *Catechesi Tradendae*, San Juan Pablo II escribió: "Una cierta memorización de las palabras de Jesús, de pasajes bíblicos importantes [...] es una verdadera necesidad" (55).

Memorizar las Sagradas Escrituras es una de las disciplinas espirituales más útiles que puedes emprender. Al memorizar un versículo en oración, pasarás tiempo con Dios. El versículo escrito en tu corazón te ayudará a resistir la tentación y registrarlo toda tu vida. ¿Qué mejor momento para empezar a memorizar que la Cuaresma?

Los pasajes sugeridos para la memorización aparecen a continuación, pero siéntete libre de elegir cualquier versículo o pasaje que te atraiga o te desafíe. Cualquiera que sea el pasaje de las Sagradas Escrituras que elijas, hazlo tuyo insertando un "yo" o "mí" en lugar de "tú" o "nosotros". Por ejemplo: "Que el pecado no tenga más dominio sobre [mí], ya que no [estoy] sometido a la Ley" (Romanos 6, 14).

Con la memorización, menos es más. Elige uno o dos pasajes que realmente te hablen y trabaja en ellos todos los días. Al igual que con el aprendizaje de un idioma, es la repetición la que implanta las palabras en la cabeza y el corazón. Un compromiso de tiempo diario es la única manera de memorizar algo a largo plazo. Lo que se memoriza rápidamente desaparece rápidamente. Como parte de tu tiempo de oración cada día, repite el versículo elegido hasta que lo sepas perfectamente. Continúa repitiéndote el versículo anterior a ti mismo todos los días, incluso después de haber pasado a un nuevo versículo.

Contra la tentación:

- Que el pecado no tenga más dominio sobre ustedes, ya que no están sometidos a la Ley, sino a la gracia. (Romanos 6, 14)

- Dios es nuestro refugio y fortaleza, una ayuda siempre pronta en los peligros. (Salmo 46, 1)

- Espera en el Señor y sé fuerte; / ten valor y espera en el Señor. (Salmo 27, 14)

Las promesas de Dios:

- Porque yo conozco muy bien los planes que tengo proyectados sobre ustedes –oráculo del Señor–: son planes de prosperidad y no de desgracia, para asegurarles un porvenir y una esperanza. Entonces, cuando ustedes me invoquen y vengan a suplicarme, yo los escucharé; cuando me busquen, me encontrarán, porque me buscarán de todo corazón, y yo me dejaré encontrar por ustedes –oráculo del Señor. (Jeremías 29, 11-14)

- Aunque se aparten las montañas y vacilen las colinas, mi amor no se apartará de ti, mi alianza de paz no vacilará, dice el Señor, que se compadeció de ti. (Isaías 54, 10)

Lecturas de esta semana

Lunes
- Levítico 19, 1-2; 11-18
- Salmo 19, 8-10; 15
- Mateo 25, 31-46

Martes
- Isaías 55, 10-11
- Salmo 34, 4-7; 16-19
- Mateo 6, 7-15

Miércoles
- Jonás 3, 1-10
- Salmo 51, 3-4; 12-13; 18-19
- Lucas 11, 29-32

Jueves
- Ester C, 12, 14-16; 23-25
- Salmo 138, 1-3; 7-8
- Mateo 7, 7-12

Viernes
- Ezequiel 18, 21-28
- Salmo 130, 1-8
- Mateo 5, 20-26

Sábado
- Deuteronomio 26, 16-19
- Salmo 119, 1-2; 4-5; 7-8
- Mateo 5, 43-48

Pídele a una persona que rece lentamente la siguiente oración en voz alta.

En el nombre del Padre, del Hijo y del Espíritu Santo.

Jesús, Señor, fuiste tentado como nosotros.

Todo lo que experimentamos, Tú lo

> experimentaste.

Conoces nuestras pruebas y tentaciones,

nuestros miedos y esperanzas.

Está cerca de nosotros esta semana mientras buscamos

> conocerte
>
> y amarte más.

Espíritu Santo, guía nuestras palabras

y pensamientos.

Guíanos cuando lo necesitemos.

Inspíranos con el fuego del amor de Dios.

Consuela nuestros miedos y ansiedades.

Pedimos estas cosas en el nombre de Jesús.

Amén.

2.º Domingo de Cuaresma
Escuchar a Dios

Desde la nube se oyó entonces una voz que decía: "Este es mi Hijo, el Elegido, escúchenlo".

Lucas 9, 35

Segundo domingo de Cuaresma

Pídele a una persona que rece lentamente la siguiente oración en voz alta.

En el nombre del Padre, del Hijo y del Espíritu Santo.

Dios Santo, sabiduría eterna,
   antes de que se hicieran todas
   las cosas,
   Tú eras,
   y todas las cosas fueron hechas por Ti.
Sin principio ni fin
   reina tu bondad
   en el cielo y en la tierra.
Siempre observas toda la creación,
   inspira a tu pueblo para siempre
   con sabiduría y amor.

Levántanos, te lo pedimos, ¡oh Señor!,
   para que nuestros corazones
   se eleven a Ti,
   al eterno supremo, invisible
   e infinito.
Levántanos a la espléndida altura de
   tus palabras, misteriosas
   e inspiradoras.

Levántanos a tus misterios, escondidos en la
   oscuridad,
   oscuridad profunda y brillante,
   vacío, como Jesús, pero lleno de gloria,
   el lugar profundamente tranquilo y sabio.
Haces que lo que es superior y más allá del brillo
   brille secretamente en nuestra oscuridad.
Sus caminos invisibles se llenan al máximo con
   el esplendor más hermoso
   las almas de los que cierran los ojos,
   para que puedan ver.

Y yo, que anhelo amar más allá de mi mente,
   pido en esta oración que me llenes al máximo,
   con lo que se me permita ver
   de tu amor esplendoroso sin parar[1].
Amén.

---

[1] Adaptación de "La oración de San Denis", *Búsqueda de la sabiduría y otras obras del autor de La nube del desconocimiento, Clásicos de la espiritualidad occidental* (Mahwah, NJ: Paulist Press), 1988, págs. 74-75.

Debate de apertura
Segundo domingo de Cuaresma

1. ¿Alguna vez has sentido que estabas en un tiempo de oscuridad, esperando que Dios te proporcionara dirección o respuestas para contrarrestar tu confusión? ¿Recibiste una respuesta? Si es así, ¿de qué manera?

2. ¿Qué te enseñaron tus padres y tu familia o en la educación religiosa acerca de escuchar a Dios?

Pide a una persona que lea el pasaje de las Sagradas Escrituras en voz alta.

Génesis 15, 5-12, 17-18

⁵ Luego lo llevó afuera y continuó diciéndole: "Mira hacia el cielo y si puedes, cuenta las estrellas". Y añadió: "Así será tu descendencia". ⁶ Abram creyó en el SEÑOR, y el SEÑOR se lo tuvo en cuenta para su justificación.

⁷ Entonces el SEÑOR le dijo: "Yo soy el SEÑOR que te hice salir de Ur de los caldeos para darte en posesión esta tierra". ⁸ "SEÑOR, respondió Abram, ¿cómo sabré que la voy a poseer?". ⁹ El Señor le respondió: "Tráeme una ternera, una cabra y un carnero, todos ellos de tres años, y también una tórtola y un pichón de paloma". ¹⁰ El trajo todos estos animales, los cortó por la mitad y puso cada mitad una frente a otra, pero no dividió los pájaros. ¹¹ Las aves de rapiña se abalanzaron sobre los animales muertos, pero Abram los espantó.

¹² Al ponerse el sol, Abram cayó en un profundo sueño, y lo invadió un gran temor, una densa oscuridad[...]

¹⁷ Cuando se puso el sol y estuvo completamente oscuro, un horno humeante y una antorcha encendida pasaron en medio de los animales descuartizados. ¹⁸ Aquel día, el Señor hizo una alianza con Abram diciendo: "Yo he dado esta tierra a tu descendencia desde el Torrente de Egipto hasta el Gran Río, el río Éufrates".

1. ¿Por qué le da crédito Dios a Abram? ¿Por qué podría ser esto importante?

2. Abram le ha pedido algo a Dios. ¿Qué pidió?

3. ¿Qué se apodera de Abram mientras duerme?

4. ¿En qué se diferencia el temor que experimenta Abram de otros tipos de miedo? ¿Por qué crees que se siente así?

5. El sueño o la visión de Abram sella un pacto entre Dios y Abram. Un pacto une los vínculos. Las personas o grupos de personas acuerdan cumplir aspectos de la relación de maneras particulares. ¿Describirías alguno de tus vínculos como un "pacto"? ¿Qué demandan esos vínculos de ti? ¿De la otra persona?

6. ¿Entiendes tu relación con Dios como un pacto? ¿Cómo podría ser esto útil?

Segundo Domingo de Cuaresma

Pide a una persona que lea el pasaje de las Sagradas Escrituras en voz alta.

Lucas 9, 28-36

[28] Unos ocho días después de decir esto, Jesús tomó a Pedro, Juan y Santiago, y subió a la montaña para orar. [29] Mientras oraba, su rostro cambió de aspecto y sus vestiduras se volvieron de una blancura deslumbrante. [30] Y dos hombres conversaban con Él: eran Moisés y Elías, [31] que aparecían revestidos de gloria y hablaban de la partida de Jesús, que iba a cumplirse en Jerusalén. [32] Pedro y sus compañeros tenían mucho sueño, pero permanecieron despiertos, y vieron la gloria de Jesús y a los dos hombres que estaban con Él. [33] Mientras estos se alejaban, Pedro dijo a Jesús: "¡Maestro, qué bien estamos aquí! Hagamos tres carpas, una para ti, otra para Moisés y otra para Elías". Él no sabía lo que decía. [34] Mientras hablaba, una nube los cubrió con su sombra y al entrar en ella, los discípulos se llenaron de temor. [35] Desde la nube se oyó entonces una voz que decía: "Este es mi Hijo, el Elegido, escúchenlo". [36] Y cuando se oyó la voz, Jesús estaba solo. Los discípulos callaron y durante todo ese tiempo no dijeron a nadie lo que habían visto.

1. ¿Cómo es "tener mucho sueño" (versículo 32)? ¿Cómo afecta a tus percepciones?

2. ¿Qué está sucediendo cuando Pedro, Santiago y Juan se despiertan? ¿Qué crees que quiere lograr Pedro con su ofrecimiento de construir carpas o tabernáculos?

3. ¿Qué sucede en lugar de construir las carpas? ¿Qué instrucciones da Dios?

4. ¿Qué crees que quiere Dios para la situación? ¿Cómo se compara eso con lo que quiere Pedro?

5. ¿Qué te ayuda a escuchar a Dios? ¿Qué puede hacer que sea difícil escuchar a Dios?

6. Tanto Abram como los apóstoles experimentan una comunicación sobrenatural en la nube o en la oscuridad. ¿Alguna vez has sentido que estabas en una nube y no podías ver lo que estaba sucediendo, no podías entender cómo actuar o qué hacer? ¿Cómo afectó ese tiempo tu vida espiritual a la larga?

7. ¿Qué paralelismos ves entre estas dos lecturas? Enumera las similitudes. ¿Qué les pide Dios a Abram y a los tres discípulos? Compara las reacciones de Abram y de Pedro a Dios.

8. ¿Sus reacciones te parecen una oración? Si la respuesta es sí, ¿por qué? Si la respuesta es no, ¿por qué no? ¿Qué hace que una oración sea verdaderamente una oración?

Segundo domingo de Cuaresma

Podemos aprender a escuchar a Dios. Para la mayoría de nosotros, no nos resulta algo natural, como ocurre con pedirle ayuda a Dios. En Juan 10, 27, Jesús es muy específico: "Mis ovejas escuchan mi voz, yo las conozco y ellas me siguen". Seguir a Jesús significa aprender a escucharlo, como Dios les dijo a los apóstoles cuando estaban en la nube. Estos ejercicios están diseñados para ayudarte a encontrar una manera que te resulte natural "escucharlo" (Lucas 9, 35).

La mayoría de nosotros anhelamos que Dios nos dé el tipo de promesas o instrucciones concretas que les dio a Abram y a los apóstoles durante la Transfiguración. Sin embargo, pocos le damos a Dios el tipo de tiempo y atención que hacen posible una comunicación profunda en cualquier relación. Nuestro Dios no es un dios de superficialidades. Una palabra del Señor rara vez llega en medio de una tienda o de una autopista sin peaje, a menos que ya reconozcamos su voz de las conversaciones profundas regulares: la oración.

Solo es posible escuchar a Dios si le damos tiempo a Dios. ¿Puedes escuchar a alguien si no pasas tiempo con esa persona? Claro que no. Encuentra tiempo para Dios, sin otras distracciones. Sabes cómo es hablar con alguien que está enviando mensajes de texto o cuya mente está obviamente en otra parte. No te sientes escuchado. Estás hablando, pero la atención de la otra persona está en otra cosa.

Escuchar en oración comienza con darle atención a Dios, lo cual es mucho más difícil que prestar atención a lo que es visible ante ti, ya sea una persona o algo que hay que hacer, como las tareas domésticas o los estudios. Aprender a escuchar a Dios implica encontrar una manera en la que puedas mantener mejor tu atención enfocada en el Dios que no puedes ver.

Primero, necesitamos reforzar nuestra confianza en que Dios siempre se está comunicando con nosotros. Rara vez escuchamos, a veces solo porque no hemos aprendido a escuchar, o en otras ocasiones porque realmente no creemos que Dios quiera comunicarse con nosotros. Si encajas en esta última categoría, puede ser útil meditar sobre Apocalipsis 3, 20 como preparación para escuchar la oración: "Yo estoy junto a la puerta y llamo: si alguien oye mi voz y me abre, entraré en su casa y cenaremos juntos".

En el Apéndice C, se proporcionan muchos estilos de prestarle atención a Dios. Su propósito principal es ayudarnos a tranquilizarnos. Dios nos habla en "el rumor de una brisa suave" (1 Reyes 19, 12). Tu objetivo esta semana es encontrar lo que te ayude a estar lo suficientemente quieto como para escuchar ese rumor. Prueba el método que más te atraiga en el apéndice o pruébalos todos para encontrar el que funcione mejor para ti.

En las siguientes páginas, se proporcionan diferentes sugerencias para cada día para ayudarte a conducir tu conversación con Dios, pero es posible que tengas otros temas que necesites hablar con Él. Siéntete libre de modificar el tema, pero asegúrate de aumentar el tiempo de escucha.

Segundo Domingo de Cuaresma

Sugerencias para escuchar las conversaciones con Dios: Buscar la Palabra del Señor

Incluye las ideas específicas para cada día en algún momento durante tu oración. Solo se proporcionan cinco días porque es posible que necesites tiempo adicional para uno de los temas.

- DÍA 1: Descansa en Dios. Simplemente, pídele a Dios que le dé descanso a tu alma durante el tiempo de oración.

- DÍA 2: Si algun área de tu vida está en dificultades, llévale ese problema a Dios. No le pidas inmediatamente a Dios que lo arregle o te dé una respuesta al problema. Simplemente, presenta el problema, la preocupación o el temor a Dios. Está con Dios en tus dificultades. Si no tienes un área con dificultades en tu vida, pídele a Dios que te muestre qué áreas de tu vida necesitan atención, aunque no seas consciente de ello.

- DÍA 3: Pídele al Señor que te señale cualquier cosa dentro de ti que te impida prestarle atención o escuchar la voz de Dios. Por ejemplo, ¿tienes temores de Dios que tal vez ni siquiera te hayas expresado a ti mismo? ¿Hay alguna pecaminosidad, un área de ti o de tu vida de la que quieres que Dios se mantenga al margen?

    A menudo, cuando hacemos ese pedido, nuestra mente divaga, como la mente es propensa a hacer, y de repente notamos que estamos pensando y nos damos cuenta del contenido de nuestros pensamientos. Ese contenido puede ser Dios llamando tu atención a lo que necesita atención, lo que se interpone entre tú y Dios. Podemos desear manifestaciones dramáticas, pero la mayoría de las veces Dios obra de maneras mucho más sutiles.

Si se te revela algo, no intentes resolver el problema mentalmente. La mayor parte de nuestra energía mental se desperdicia y se gasta inútilmente en preocuparnos u obsesionarnos con los problemas. Simplemente, está con Dios mientras te sientas, caminas o escribes sobre lo que Dios te ha traído a la atención.

- DÍA 4: Pídele al Señor una palabra o sensación específica acerca de lo que sea que te impida escuchar la voz de Dios (tema del Día 3). La respuesta de Dios a esto puede ser muy inmediata. A veces, en el silencio, una palabra aparecerá en tu cabeza durante la oración, a veces incluso una oración completa. A veces, una frase familiar de las Sagradas Escrituras o de la Liturgia volverá a ti insistentemente. Otras veces, más tarde en el día, una palabra escrita o dicha atraerá tu atención de una manera inusual. A veces, Dios te enviará a las Sagradas Escrituras. Está abierto a cualquier forma en que Dios elija comunicarse contigo y, luego, escríbelo. Si sientes que nada viene, agradece a Dios que no te revela lo que no estás listo para escuchar y vuelve a intentarlo en otra ocasión.

- DÍA 5: Si recibiste una palabra o frase de Dios el Día 4, lleva esa palabra de vuelta a la oración y pídele a Dios que te ayude a entender lo que significa para ti. Pregúntale a Dios si hay alguna manera en que esta palabra se relaciona con el problema por el cual rezaste el Día 2. Si no parece haber una relación, vuelve a poner esa dificultad ante Dios. Pide una palabra que te ayude a saber cómo vivir o abordar el problema.

Segundo Domingo de Cuaresma

Lecturas de esta semana

Lunes
- Daniel 9, 4-10
- Salmo 79, 8-9, 11, 13
- Lucas 6, 36-38

Martes
- Isaías 1, 10; 16-20
- Salmo 50, 8-9; 16-17; 21; 23
- Mateo 23, 1-12

Miércoles
- Jeremías 18, 18-20
- Salmo 31, 5-6; 14-16
- Mateo 20, 17-28

Jueves
- Jeremías 17, 5-10
- Salmo 1, 1-4; 6
- Lucas 16, 19-31

Viernes
- Génesis 37, 3-4; 12-13; 17-28
- Salmo 105, 16-21
- Mateo 21, 33-43; 45-46

Sábado
- Miqueas 7, 14-15; 18-20
- Salmo 103, 1-4; 9-12
- Lucas 15, 1-3; 11-32

Oración final
Segundo domingo de Cuaresma

Pídele a una persona que rece lentamente la siguiente oración en voz alta.

En el nombre del Padre, del Hijo y del Espíritu Santo.

Señor Dios, nos has dicho que escuchemos
   a Jesús,
tu hijo amado.
Jesús, anhelamos escuchar tu voz,
para seguir tu camino;
pero a menudo estamos ensimismados
o distraídos,
o nuestra fe es débil.
Ayúdanos a morar profundamente en tu corazón,
   ¡oh, Cristo!,
para que tu Espíritu Santo habite
   en nosotros.
Fortalécenos para rezar de maneras nuevas
   esta semana,
maneras que nos ayudarán a escuchar tu voz,
maneras que nos mostrarán tu camino.
Ayúdanos a formarnos
para que puedas hablar dentro de nosotros,
para que seamos tuyos,
y Tú, nuestro.
Pedimos esto a través de Cristo Nuestro Señor,
Que vive y reina por los siglos de los siglos.

Amén.

3.º
Domingo de Cuaresma
El fruto de la libertad

Esta es la libertad que nos ha dado Cristo.
Manténganse firmes para no caer de nuevo
bajo el yugo de la esclavitud.

Gálatas 5, 1

Oración inicial
Tercer domingo de Cuaresma

Pídele a una persona que rece lentamente la siguiente oración en voz alta.

En el nombre del Padre, del Hijo y del Espíritu Santo.

Jesús, ayúdanos a tener en mente tu presencia, porque prometiste estar con nosotros cuando dos o más se reúnan en tu nombre. Espíritu Santo, te pedimos que reces en nosotros mientras rezamos esta oración.

¡Oh, Señor, mi Dios!,
enséñale a mi corazón este día dónde y cómo verte,
dónde y cómo encontrarte.
Me has hecho y me has rehecho,
y me has concedido
todas las cosas buenas que poseo,
y todavía no te conozco.
Todavía no he hecho
eso para lo que fui hecho.

Enséñame a buscarte,
porque no puedo buscarte
a menos que me enseñes,
o encontrarte
a menos que te muestres a mí.
Déjame buscarte en mi deseo;
déjame desearte en mi búsqueda.
Déjame encontrarte amándote;
déjame amarte cuando te encuentre[1].
Amén.

---

[1] Adaptación de *Proslogion* (Discurso sobre la Existencia de Dios), escrito en 1077-1078 por San Anselmo. Todo el discurso se puede encontrar en http://curas.com.ar/Textos/SA-Proslogion.pdf.

Debate de apertura
Tercer domingo de Cuaresma

1. En la comprensión católica, la libertad no es simplemente la capacidad de elegir entre tal o cual acción, sino más bien la capacidad de amar. ¿En qué se diferencia esta idea de libertad de la forma en que la mayoría de la gente piensa de la libertad?

Pide a una persona que lea el pasaje de las Sagradas Escrituras en voz alta.

Éxodo 3, 1-8; 13-15

¹ Moisés, que apacentaba las ovejas de su suegro Jetró, el sacerdote de Madián, llevó una vez el rebaño más allá del desierto y llegó a la montaña de Dios, al Horeb. ² Allí se le apareció el Ángel del SEÑOR en una llama de fuego, que salía de en medio de la zarza. Al ver que la zarza ardía sin consumirse, ³ Moisés pensó: "Voy a observar este grandioso espectáculo. ¿Por qué será que la zarza no se consume?" ⁴ Cuando el SEÑOR vio que él se apartaba del camino para mirar, lo llamó desde la zarza, diciendo: "¡Moisés, Moisés!". "Aquí estoy", respondió él. ⁵ Entonces Dios le dijo: "No te acerques hasta aquí. Quítate las sandalias, porque el suelo que estás pisando es una tierra santa". ⁶ Luego siguió diciendo: "Yo soy el Dios de tu padre, el Dios de Abraham, el Dios de Isaac y el Dios de Jacob". Moisés se cubrió el rostro porque tuvo miedo de ver a Dios.

⁷ El SEÑOR dijo: "Yo he visto la opresión de mi pueblo, que está en Egipto, y he oído los gritos de dolor, provocados por sus capataces. Sí, conozco muy bien sus sufrimientos. ⁸ Por eso, he bajado a librarlo del poder de los egipcios y a hacerlo subir, desde aquel país, a una tierra fértil y

espaciosa, a una tierra que mana leche y miel, al país de los cananeos, los hititas, los amorreos, los perizitas, los jivitas y los jebuseos.

¹³ Moisés dijo a Dios: "Si me presento ante los israelitas y les digo que el Dios de sus padres me envió a ellos, me preguntarán cuál es su nombre. Y entonces, ¿qué les responderé?". ¹⁴ Dios dijo a Moisés: "Yo SOY el que SOY". Luego añadió: "Tú hablarás así a los israelitas: 'Yo soy' me envió a ustedes". ¹⁵ Y continuó diciendo a Moisés: "Tú hablarás así a los israelitas: El SEÑOR, el Dios de sus padres, el Dios de Abraham, el Dios de Isaac y el Dios de Jacob, es el que me envía. Este es mi nombre para siempre y así será invocado en todos los tiempos futuros".

1. ¿Cómo resumirías la situación de los israelitas en este momento de su historia?

2. ¿Qué palabras e imágenes describen la actitud de Dios hacia los israelitas?

3. Mirando las palabras y acciones de Dios en este pasaje, ¿cómo describirías el trato que el Señor le da a Moisés?

4. Moisés comienza su encuentro con Dios lleno de curiosidad. ¿Qué aprende acerca de quién es Dios durante su encuentro?

5. ¿Qué significado crees que tuvo para los israelitas escuchar que el Dios de sus padres, el Dios de Abraham, el Dios de Isaac, el Dios de Jacob, había escuchado sus súplicas y hablado a Moisés?

6. ¿Qué significado tiene para ti saber que estás orando al mismo Dios que Moisés, que los santos a lo largo de los siglos, tal vez de tus propios antepasados?

Tercer domingo de Cuaresma

Pide a una persona que lea el pasaje de las Sagradas Escrituras en voz alta.
Lucas 13, 1-9

¹ En ese momento, se presentaron unas personas que comentaron a Jesús el caso de aquellos galileos, cuya sangre Pilato mezcló con la de las víctimas de sus sacrificios. ² El respondió: "¿Creen ustedes que esos galileos sufrieron todo esto porque eran más pecadores que los demás? ³ Les aseguro que no, y si ustedes no se convierten, todos acabarán de la misma manera. ⁴ ¿O creen que las dieciocho personas que murieron cuando se desplomó la torre de Siloé, eran más culpables que los demás habitantes de Jerusalén? ⁵ Les aseguro que no, y si ustedes no se convierten, todos acabarán de la misma manera".

⁶ Les dijo también esta parábola: "Un hombre tenía una higuera plantada en su viña. Fue a buscar frutos y no los encontró. ⁷ Dijo entonces al viñador: 'Hace tres años que vengo a buscar frutos en esta higuera y no los encuentro. Córtala, ¿para qué malgastar la tierra?' ⁸ Pero él respondió: 'Señor, déjala todavía este año; yo removeré la tierra alrededor de ella y la abonaré. ⁹ Puede ser que así dé frutos en adelante. Si no, la cortarás'".

1. ¿Cuál parece ser la principal preocupación de Jesús en este pasaje?

2. Jesús parece estar contando esta parábola para ilustrar su enseñanza. ¿Cómo crees que se relaciona la parábola con lo que enseñó anteriormente en el pasaje?

3. ¿Cómo se propone el viñador salvar la higuera?

4. ¿El Dios del Éxodo se parece más al dueño de la viña o al viñador?

5. ¿Qué dice esta parábola acerca de la actitud de Dios hacia nosotros?

6. ¿Puedes nombrar algunos ejemplos de frutos espirituales? ¿O puedes describir a alguien cuya vida espiritual y fe parecen ser fructíferas?

7. ¿Qué cosa en tu vida parece impedir tu capacidad para extraer nutrientes y dar fruto?

8. ¿Qué medidas prácticas puedes tomar para eliminar estos impedimentos?

9. ¿Quién o qué en tu vida te nutre espiritualmente? ¿Qué fruto puedes ver de ese alimento?

10. ¿Qué conexiones puedes hacer entre la primera lectura y el Evangelio?

Conexión con la Cruz esta semana
Tercer domingo de Cuaresma

Tómate unos días esta semana para leer en oración esta cita del *Catecismo de la Iglesia Católica* sobre la libertad y la gloria de Dios, y reflexionar sobre las preguntas proporcionadas.

> La gloria de Dios consiste en que se realice esta manifestación y esta comunicación de su bondad para las cuales el mundo ha sido creado. Hacer de nosotros "hijos adoptivos por medio de Jesucristo, conforme al beneplácito de su voluntad, *para alabanza de la gloria de su gracia*" (Ef 1, 5-6): "Porque la gloria de Dios es que el hombre viva, y la vida del hombre es la visión de Dios: si ya la revelación de Dios por la creación procuró la vida a todos los seres que viven en la tierra, cuánto más la manifestación del Padre por el Verbo procurará la vida a los que ven a Dios" (San Ireneo de Lyon, *Adversus haereses* 4, 20, 7). El fin último de la creación es que Dios, "Creador de todos los seres, sea por fin 'todo en todos' (1 Co 15, 28), procurando al mismo tiempo su gloria y nuestra felicidad" (Concilio Vaticano II, *Ad Gentes*, 2). (294)

- ¿Cómo puedo permitir que la bondad (o la gloria) de Dios brille en mi vida hoy?

- ¿Cómo puede mi vida hoy ser una "visión de Dios"?

- ¿De qué manera toda mi vida es un retrato vivo de Dios? En otras palabras, ¿de qué manera mi vida le dice a la gente algo acerca de quién es Dios? ¿Qué otros cambios, posiblemente mayores, podría tener que hacer para que esto sea posible?

- ¿Cómo podría mi vida de alguna manera hacer que las personas piensen menos en la bondad de Dios?

- ¿Qué áreas de mi vida claman por la presencia de Dios y el alimento espiritual?

- ¿Espero que Dios se convierta en "todo en todos" (1 Corintios 15, 28)? ¿Cómo podría crecer en esta esperanza?

La semana pasada trabajamos en escuchar a Dios. Esta semana, habla con Jesús acerca de ser libre y dar fruto, y luego escucha lo que Él te dice. Estas son algunas preguntas que podrías hacerle.

- ¿Cómo me has liberado, Jesús?

- ¿Qué puedo hacer hoy para aumentar la libertad que anhelas que tenga?

- ¿Qué persona en mi vida nutre mi capacidad de dar fruto? ¿Hay alguna manera de permitir que esa persona me ayude más?

- ¿Qué hábitos me están haciendo fructífero?

- ¿Qué hábitos me están haciendo estéril?

Tercer domingo de Cuaresma

Lecturas de esta semana

Lunes
- 2 Reyes 5, 1-15
- Salmo 42, 2-3; 43, 3-4
- Lucas 4, 24-30

Martes
- Daniel 3, 25; 34-43
- Salmo 25, 4-9
- Mateo 18, 21-35

Miércoles
- Deuteronomio 4, 1; 5-9
- Salmo 147, 12-13; 15-16; 19-20
- Mateo 5, 17-19

Jueves
- Jeremías 7, 23-28
- Salmo 95, 1-2; 6-9
- Lucas 11, 14-23

Viernes
- Oseas 14, 2-10
- Salmo 81, 6-11; 14; 17
- Marcos 12, 28-34

Sábado
- Oseas 6, 1-6
- Salmo 51, 3-4; 18-21
- Lucas 18, 9-14

Oración final
Tercer domingo de Cuaresma

Pídele a una persona que rece lentamente la siguiente oración en voz alta.

En el nombre del Padre, del Hijo y del Espíritu Santo.

Jesús, tierno viñador,
nutre nuestras vidas con tu vida.
Concédenos tenacidad para encontrarnos
  contigo en las Sagradas Escrituras
  todos los días.
Guía nuestro crecimiento hacia el fruto
  que deseas que demos.
Nutrirnos con amigos que nos ayudarán
  a dar fruto.
Riega con tu Espíritu en oración.
Fortalece nuestras ramas con buenas
  obras.
Gracias por este tiempo contigo
  juntos.

Pedimos esto mientras rezamos
  las palabras que nos enseñaste:
Padre Nuestro...
Amén.

4.° Domingo de Cuaresma
Abrazar el perdón

Porque es Dios el que estaba en Cristo,
reconciliando al mundo consigo,
no teniendo en cuenta los pecados
de los hombres, y confiándonos
la palabra de la reconciliación.

2 Corintios 5, 19

Oración inicial
Cuarto domingo de Cuaresma

Recen juntos "antifonalmente" el salmo responsorial para este próximo domingo, Salmo 34. Divídanse en dos grupos. Un grupo lee una estrofa en voz alta; luego, el siguiente grupo lee la siguiente estrofa.

En el nombre del Padre, del Hijo y del Espíritu Santo.

Bendeciré al Señor en todo tiempo;
su alabanza estará siempre en mis labios.
Mi alma se gloría en el Señor,
que lo oigan los humildes y se alegren.
Glorifiquen conmigo al Señor,
alabemos su Nombre todos juntos.

Busqué al Señor: Él me respondió
y me liberó de todos mis temores.
Miren hacia Él y quedarán resplandecientes,
y sus rostros no se avergonzarán.
Este pobre hombre invocó al Señor:
Él lo escuchó y los salvó de sus angustias.
El ángel del Señor acampa
en torno de sus fieles, y los libra.
¡Gusten y vean qué bueno es el Señor!
¡Felices los que en Él se refugian!
Teman al Señor, todos sus santos,
porque nada faltará a los que lo temen.
Los ricos se empobrecen y sufren hambre,
pero los que buscan al Señor no carecen de nada.

Vengan, hijos, escuchen:
voy a enseñarles el temor del Señor.
¿Quién es el hombre que ama la vida
y desea gozar de días felices?
Guarda tu lengua del mal,
y tus labios de hablar engaño.
Apártate del mal y practica el bien,
busca la paz y sigue tras ella.

Los ojos del Señor miran al justo
y sus oídos escuchan su clamor;
pero el Señor rechaza a los que hacen el mal
para borrar su recuerdo de la tierra.
Cuando ellos claman, el Señor los escucha
y los libra de todas sus angustias.
El Señor está cerca del que sufre
y salva a los que están abatidos.

El justo padece muchos males,
pero el Señor lo libra de ellos.
Él cuida todos sus huesos,
no se quebrará ni uno solo.
La maldad hará morir al malvado,
y los que odian al justo serán castigados;
Pero el Señor rescata a sus servidores,
y los que se refugian en Él no serán castigados.

Gloria al Padre, al Hijo y al Espíritu Santo,
como era en el principio, ahora y siempre,
por los siglos de los siglos.

Amén.

Debate de apertura
Cuarto domingo de Cuaresma

1. Recuerda un momento en que un amigo cercano o pariente te ofendió de alguna manera. ¿Fuiste capaz de perdonar a esa persona? Si es así, ¿qué te ayudó a perdonar? Si no es así, ¿el hecho de no perdonar ha afectado tu vida de alguna manera?

Pide a una persona que lea el pasaje de las Sagradas Escrituras en voz alta.

Lucas 15, 1-3; 11-32

¹ Todos los publicanos y pecadores se acercaban a Jesús para escucharlo. ² Los fariseos y los escribas murmuraban, diciendo: "Este hombre recibe a los pecadores y come con ellos".

³ Jesús les dijo entonces esta parábola: [...]

¹¹ Jesús dijo también. "Un hombre tenía dos hijos. ¹² El menor de ellos dijo a su padre: 'Padre, dame la parte de herencia que me corresponde'. Y el padre les repartió sus bienes. ¹³ Pocos días después, el hijo menor recogió todo lo que tenía y se fue a un país lejano, donde malgastó sus bienes en una vida licenciosa. ¹⁴ Ya había gastado todo, cuando sobrevino mucha miseria en aquel país, y comenzó a sufrir privaciones. ¹⁵ Entonces se puso al servicio de uno de los habitantes de esa región, que lo envió a su campo para cuidar cerdos. ¹⁶ Él hubiera deseado calmar su hambre con las bellotas que comían los cerdos, pero nadie se las daba. ¹⁷ Entonces recapacitó y dijo: '¡Cuántos jornaleros de mi padre tienen pan en abundancia, y yo estoy aquí muriéndome de hambre!'. ¹⁸ Ahora mismo iré a la

casa de mi padre y le diré: 'Padre, pequé contra el Cielo y contra ti; [19] ya no merezco ser llamado hijo tuyo, trátame como a uno de tus jornaleros'. [20] Entonces partió y volvió a la casa de su padre. Cuando todavía estaba lejos, su padre lo vio y se conmovió profundamente, corrió a su encuentro, lo abrazó y lo besó. [21] El joven le dijo: 'Padre, pequé contra el Cielo y contra ti; no merezco ser llamado hijo tuyo'. [22] Pero el padre dijo a sus servidores: 'Traigan enseguida la mejor ropa y vístanlo, pónganle un anillo en el dedo y sandalias en los pies. [23] Traigan el ternero engordado y mátenlo. Comamos y festejemos, [24] porque mi hijo estaba muerto y ha vuelto a la vida, estaba perdido y fue encontrado'. Y comenzó la fiesta.

[25] El hijo mayor estaba en el campo. Al volver, ya cerca de la casa, oyó la música y los coros que acompañaban la danza. [26] Y llamando a uno de los sirvientes, le preguntó qué significaba eso. [27] Él le respondió: 'Tu hermano ha regresado, y tu padre hizo matar el ternero y engordado, porque lo ha recobrado sano y salvo'. [28] Él se enojó y no quiso entrar. Su padre salió para rogarle que entrara, [29] pero él le respondió: 'Hace tantos años que te sirvo sin haber desobedecido jamás ni una sola de tus órdenes, y nunca me diste un cabrito para hacer una fiesta con mis amigos. [30] ¡Y ahora que ese hijo tuyo ha vuelto, después de haber gastado tus bienes con mujeres, haces matar para él el ternero engordado!'. [31] Pero el padre le dijo: 'Hijo mío, tú estás siempre conmigo, y todo lo mío es tuyo. [32] Es justo que haya fiesta y alegría, porque tu hermano estaba muerto y ha vuelto a la vida, estaba perdido y ha sido encontrado'".

1. ¿Por qué crees que el hijo menor quería irse de la casa?

2. ¿Cómo fue su vida después de irse?

3. ¿Qué crees que quiso decir el padre cuando dijo: "Tu hermano estaba muerto" (versículo 32)? ¿Cuáles son las implicaciones de esa declaración? ¿Qué dice acerca de la actitud del padre hacia las decisiones de su hijo?

4. ¿Cuáles son algunas de las posibles interpretaciones o conclusiones a las que el padre podría haber llegado cuando vio a su hijo acercándose a la casa?

5. ¿Qué reacción del padre crees que habría estado justificada? ¿Qué tan racional te parece su reacción real?

6. ¿Cómo crees que se sintió el hijo pródigo en el momento en que su padre corrió hacia él, lo abrazó y lo besó antes de que tuviera la oportunidad de disculparse?

7. ¿Por qué el perdón incondicional del padre al hijo pródigo haría enojar al hijo mayor? ¿Alguna vez te has sentido similar en una situación familiar o laboral?

8. El padre le dijo al hijo mayor: "Siempre estás conmigo, y todo lo que es mío es tuyo" (versículo 31). ¿Crees que esto consoló al hijo mayor? ¿Por qué o por qué no?

9. Jesús está contando esta parábola para ilustrar la naturaleza de Dios Padre. ¿Cómo te sentirías si Dios Padre te hablara audiblemente, diciendo: "Siempre estás conmigo y todo lo que es mío es tuyo"? ¿Qué significaría eso exactamente para ti?

Pide a una persona que lea el pasaje de las Sagradas Escrituras en voz alta.

2 Corintios 5, 17-21

[17] El que vive en Cristo es una nueva criatura: lo antiguo ha desaparecido, un ser nuevo se ha hecho presente. [18] Y todo esto procede de Dios, que nos reconcilió con Él por intermedio de Cristo y nos confió el ministerio de la reconciliación. [19] Porque es Dios el que estaba en Cristo, reconciliando al mundo consigo, no teniendo en cuenta los pecados de los hombres, y confiándonos la palabra de la reconciliación. [20] Nosotros somos, entonces, embajadores de Cristo, y es Dios el que exhorta a los hombres por intermedio nuestro. Por eso, les suplicamos en nombre de Cristo: Déjense reconciliar con Dios. [21] A aquel que no conoció el pecado, Dios lo identificó con el pecado en favor nuestro, a fin de que nosotros seamos justificados por Él.

1. El tiempo de Cuaresma es uno de los momentos durante el año en que la Iglesia relaciona intencionalmente la segunda lectura de una epístola con las lecturas del Evangelio y del Antiguo Testamento. ¿Qué conexiones puedes ver entre esta lectura y la parábola de los dos hijos?

2. ¿Cómo podría haber sido ser una nueva creación en la vida del hijo menor? ¿Qué se necesitaría para que su hermano mayor se convirtiera en una nueva creación?

3. ¿Cómo definirías la palabra "reconciliación"?[1] ¿Qué crees que significa reconciliarse con alguien?

4. El Dr. Robert Enright, uno de los principales estudiosos en el tema del perdón, define el perdón como una respuesta

de bondad o amor a alguien que te ha lastimado injustamente.² ¿Cómo se relaciona el perdón con la reconciliación? ¿En qué se diferencia?

5. ¿Por qué crees que reconciliarse con Dios es importante para difundir el "mensaje de reconciliación" (versículo 19)? ¿Cómo crees que podemos transmitir ese mensaje a nuestras familias, nuestra sociedad y nuestro mundo?

---

[1] Dictionary.com define "reconciliarse" de esta manera: "ganarse la amistad; hacer que sea amigable"; "componer o resolver (una pelea, disputa, etc.)"; "llevar a un acuerdo o armonía; hacer compatible o consistente".

[2] El Dr. Robert Enright es Profesor de Psicología Educativa en la Universidad de Wisconsin, Madison, quien estudia el perdón desde 1985. Para obtener más información sobre sus ideas sobre el perdón, consulta el sitio web del Instituto del Perdón: http://internationalforgiveness.com/.

Los sacerdotes son los principales ministros de reconciliación, ya que administran los sacramentos, pero los laicos también son embajadores de esta reconciliación. Somos enviados al mundo para representar a Cristo en las interacciones con aquellos que no conocen la alegría de reconciliarse con Dios (Cf. *Catecismo de la Iglesia Católica*, 981). Esta semana prueba una de las formas concretas para difundir el mensaje de reconciliación que se enumeran a continuación.

Sin embargo, antes de que puedas ser embajador, necesitas conocer el "país" del cual eres embajador. Debemos familiarizarnos más con la tierra del perdón y la reconciliación. En vista de la lectura del Evangelio de esta semana, *ahora* es un excelente momento para hacer tu propia confesión de Cuaresma en el Sacramento de la Reconciliación. Consulta el Apéndice E para una guía de la Confesión. Cuando te sientas perdonado a ti mismo, receptor del abundante amor y generosidad de Dios, sabrás de lo que estás hablando. A medida que nos convertimos en "nuevas criaturas" (2 Corintios 5, 17), creceremos en sinceridad, humildad y amor.

- Discúlpate con alguien a quien has ofendido, incluso si sientes que fuiste agraviado por esa persona primero. Busca restaurar o mejorar tu relación con esa persona. Piensa en diferentes maneras de expresar tu sincera disculpa. Hay más formas de mostrar un deseo de reconciliación que simplemente decir: "Lo siento".

Cuarto domingo de Cuaresma

- Para algunas personas, otras formas de expresar tu disculpa pueden ser mucho más apreciadas. Por ejemplo, si la persona está en tu vida, podrías darle un regalo, sonreírle, preguntarle cómo le está yendo o hacer algo para servirle. Si la persona no está en tu vida, puedes enviar una tarjeta o posiblemente llamar, si eso fuera apropiado. Si la persona ha fallecido, puedes rezar por ella, visitar su tumba o hacer que se le dedique una Misa.

- Comprométete a trabajar para perdonar a una persona que te ha hecho mal. Puede ser una ofensa grande o pequeña, incluso algo muy pequeño. Solo concéntrate en una ofensa de una persona. El perdón no siempre comienza con un sentimiento; a menudo, comienza con la decisión de trabajar en el deseo de perdonar. Al igual que el padre del hijo pródigo, trata de no poner ninguna condición en tu perdonar. A menudo, aquellos que te han hecho mal nunca se disculparán y nunca cambiarán. Es posible que incluso ya hayan fallecido. El perdón es un acto de misericordia, una respuesta a la misericordia que hemos recibido de Jesús. En el Apéndice D, encontrarás una guía con algunas sugerencias para ayudarte con el proceso del perdón.

Este es un trabajo difícil. Une cualquier dificultad o sufrimiento que experimentes a Jesucristo en la Cruz y pídele que te ayude a arrepentirte, disculparte y perdonar.

Lecturas de esta semana

Lunes
- Isaías 65, 17-21
- Salmo 30, 2, 4-6, 11-13
- Juan 4, 43-54

Martes
- Ezequiel 47, 1-9; 12
- Salmo 46, 2-3; 5-6; 8-9
- Juan 5, 1-16

Miércoles
- Isaías 49, 8-15
- Salmo 145, 8-9; 13-14; 17-18
- Juan 5, 17-30

Jueves
- Éxodo 32, 7-14
- Salmo 106, 19-23
- Juan 5, 31-47

Viernes
- Sabiduría 2, 1; 12-22
- Salmo 34, 17-21; 23
- Juan 7, 1-2; 10; 25-30

Sábado
- Jeremías 11, 18-20
- Salmo 7, 2-3; 9-12
- Juan 7, 40-53

Oración final
Cuarto domingo de Cuaresma

Pide a una persona que lea el siguiente párrafo en voz alta. Permite un tiempo de silencio; luego reza lentamente la oración final.

En Romanos 9, San Pablo escribió acerca de Dios haciendo pacientemente a su pueblo "en los que recibieron su misericordia", preparado para "manifestar la riqueza de su gloria" (versículo 23).

Tomemos un momento de silencio para pensar en lo que tendría que cambiar en nuestros corazones para que cada uno de nosotros se convierta en un recipiente de misericordia. **(Silencio)**

En el nombre del Padre, del Hijo y del Espíritu Santo.

Señor, tenemos dificultades incluso para querer ser los que recibieron tu misericordia cuando nuestros corazones han sido heridos y rotos.

Mostrar misericordia, incluso a aquellos que nos han lastimado, traicionado, mentido, rechazado, requiere más amor del que tenemos en nuestros corazones.

Sin embargo, dijiste: "Felices los misericordiosos, porque obtendrán misericordia" (Mateo 5, 7).

Sabemos que necesitamos tu misericordia, Señor.

Nos mostraste la grandeza del amor del Padre,
Jesús, dejando a un lado tu divinidad,
 viniendo a nosotros en "la condición de servidor
 y haciéndose semejante a los hombres"
(Filipenses 2, 7).

Gracias por ser la misericordia de Dios para nosotros, Jesús, a pesar del sacrificio. Porque "Cristo murió por nosotros cuando todavía éramos pecadores" (Cf. Romanos 5, 8).

Danos el deseo de morir a nosotros mismos si eso es lo que se necesita para hacernos misericordiosos, Jesús.

Llénanos con el amor y la misericordia del Padre que nos das, tan grande salvador.

Haznos "los que recibieron su misericordia", personas dignas de "manifestar la riqueza de su gloria".

No podemos hacer esto sin Ti, Jesús.

Necesitamos que el Espíritu Santo perdone lo imperdonable, que ame como Tú nos amaste.

Confiamos en que harás esto, Jesús, debido a tu misericordia.

Amén.

Cierra con la oración del Gloria.

5.° Domingo de Cuaresma
Sigue adelante hacia la meta

Digo solamente esto: olvidándome del camino recorrido, me lanzo hacia adelante y corro en dirección a la meta, para alcanzar el premio del llamado celestial que Dios me ha hecho en Cristo Jesús.

Filipenses 3, 13-14

Oración inicial
Quinto domingo de Cuaresma

Pídele a una persona que rece lentamente la siguiente oración en voz alta.

En el nombre del Padre, del Hijo y del Espíritu Santo.

Alabanza a los santos en las alturas,
y en la profundidad sea la alabanza;
en todas sus palabras lo más maravilloso;
muy confiable en todas sus formas.
¡Oh!, amorosa sabiduría de nuestro Dios.
Cuando todo era pecado y vergüenza,
llegó para la lucha
y el rescate un nuevo Adán...
¡Oh, sabio amor! Pues esa carne y sangre
que cayó con Adán en desgracia
contra el maligno se revuelve ahora
y contra el maligno se levanta.
Y por un don más alto que la gracia
carne y sangre se afirman ya perfectas,
por la presencia misma del que es Dios,
de Su persona
y Su divina esencia.
¡Oh, generoso amor! El que introdujo
en el hombre
el enemigo del hombre como hombre
y para el hombre ha padecido el aguijón
de una agonía doble.
Y tanto en la oración de los Olivos
como en lo alto de la Cruz izado,
su inspiración y su enseñanza a sus feligreses
a sufrir y a morir.[1]

[1] Extracto de un poema de San John Henry Newman. Newman, John Henry. El sueño de Geroncio. Madrid: Encuentro Ediciones. 2003, pág. 137

Jesús, gracias por luchar para que tengamos libertad del pecado. Gracias por venir a nuestro rescate. Danos verdadera fe en ti para superar todos los obstáculos y permítenos seguirte siempre, incluso cuando sea difícil.

Pedimos esto a través de Cristo Nuestro Señor. **Amén.**

1. ¿Alguna vez has ganado algo a un gran costo personal, algo que requirió un sacrificio real? ¿Dirías que valió la pena?

Pide a una persona que lea el pasaje de las Sagradas Escrituras en voz alta.

Filipenses 3, 8-14

⁸ Más aún, todo me parece una desventaja comparado con el inapreciable conocimiento de Cristo Jesús, mi Señor. Por Él he sacrificado todas las cosas, a las que considero como desperdicio, con tal de ganar a Cristo ⁹ y estar unido a Él, no con mi propia justicia –la que procede de la Ley– sino con aquella que nace de la fe en Cristo, la que viene de Dios y se funda en la fe. ¹⁰ Así podré conocerlo a Él, conocer el poder de su resurrección y participar de sus sufrimientos, hasta hacerme semejante a Él en la muerte, ¹¹ a fin de llegar, si es posible, a la resurrección de entre los muertos.

¹² Esto no quiere decir que haya alcanzado la meta ni logrado la perfección, pero sigo mi carrera con la esperanza de alcanzarla, habiendo sido yo mismo alcanzado por Cristo Jesús. ¹³ Hermanos, yo no pretendo haberlo alcanzado. Digo solamente esto:

olvidándome del camino recorrido, me lanzo hacia adelante [14] y corro en dirección a la meta, para alcanzar el premio del llamado celestial que Dios me ha hecho en Cristo Jesús.

1. ¿Cómo describirías el tono general de este pasaje? ¿Qué emociones te transmite?

2. De varias maneras, Pablo se refiere a las esperanzas que tiene con respecto a su relación con Cristo (por ejemplo, en el versículo 8 dice: "con tal de ganar a Cristo"). ¿Cuáles son algunas de las otras esperanzas que expresa? ¿Te resuena personalmente alguna de estas?

3. San Pablo escribe que quiere compartir los sufrimientos de Cristo. ¿Puedes ver alguna pista en el pasaje que indique lo que tiene en mente?

4. ¿Qué significa para ti participar en los sufrimientos de Cristo (versículo 10)?

5. Pensando en cualquier cosa que sepas que "está detrás" en la vida de San Pablo, ¿qué crees que Pablo quiere decir con "olvidándome del camino recorrido" (versículo 13)?

6. ¿Hay algún pecado que, a través de una gran lucha y la gracia de Dios, hayas dejado atrás? Si te sientes cómodo, comparte esta obra de gracia con el grupo.

7. ¿Qué te sientes llamado a dejar atrás? ¿Hay algo que te impida seguir adelante hacia la meta?

Sigue adelante hacia la meta

Pide a una persona que lea el pasaje de las Sagradas Escrituras en voz alta.

Juan 8, 1-11

¹ Jesús fue al monte de los Olivos. ² Al amanecer volvió al Templo y todo el pueblo acudía a Él. Entonces se sentó y comenzó a enseñarles. ³ Los escribas y los fariseos le trajeron a una mujer que había sido sorprendida en adulterio y, poniéndola en medio de todos, ⁴ dijeron a Jesús: "Maestro, esta mujer ha sido sorprendida en flagrante adulterio. ⁵ Moisés, en la Ley, nos ordenó apedrear a esta clase de mujeres. Y tú, ¿qué dices?". ⁶ Decían esto para ponerlo a prueba, a fin de poder acusarlo. Pero Jesús, inclinándose, comenzó a escribir en el suelo con el dedo. ⁷ Como insistían, se enderezó y les dijo: "El que no tenga pecado, que arroje la primera piedra". ⁸ E inclinándose nuevamente, siguió escribiendo en el suelo. ⁹ Al oír estas palabras, todos se retiraron, uno tras otro, comenzando por los más ancianos. Jesús quedó solo con la mujer, que permanecía allí ¹⁰ e incorporándose, le preguntó: "Mujer, ¿dónde están tus acusadores? ¿Alguien te ha condenado?". ¹¹ Ella le respondió: "Nadie, Señor". "Yo tampoco te condeno, le dijo Jesús. Vete, no peques más en adelante".

1. Claramente, los fariseos tomaron en serio el pecado de la mujer. ¿Qué tenía de malo su reacción hacia la mujer?

2. ¿Crees que Jesús tomó en serio el pecado de esta mujer? ¿Por qué o por qué no?

3. ¿Cómo tomamos nuestro pecado en serio y al mismo tiempo aceptamos el perdón de Dios?

4. ¿Cómo se conecta la lectura del Evangelio con la lectura de Filipenses?

5. ¿Alguna vez has luchado para aceptar el perdón de Dios o para perdonarte a ti mismo? Si es así, y si te sientes cómodo compartiendo al respecto, ¿cómo pudiste trabajar a través de él y recibir la misericordia que Jesús ofrece?

6. ¿Cómo llamamos al pecado "pecado" y, sin embargo, no condenamos a una persona? ¿Alguien te habló alguna vez de tu pecado de tal manera que no te hayas sentido condenado? ¿Cómo te afectó eso?

7. ¿Cómo crees que se sintió la mujer cuando Jesús le pronunció sus últimas palabras (versículo 11)? ¿Cómo ves el resto de la vida de la mujer? ¿Cómo te sentiste después de recibir la misericordia de Dios?

Para continuar avanzando, será útil pasar otra semana plantando la palabra de Dios en nuestras mentes y corazones. Lee cada uno de estos breves pasajes sobre la perseverancia:

- 1 Corintios 9, 24-27 (corre la carrera)
- Efesios 6, 10-18 (a veces todo lo que se supone que debemos hacer es estar de pie)
- 1 Pedro 5, 8-11 (Dios está a la vuelta de la esquina)
- Santiago 1, 2-4 (sé alegre y firme en las pruebas)
- 1 Corintios 10, 13 (Dios brinda su ayuda frente a la tentación)
- Santiago 1, 12 (los que perseveren ganarán la corona)
- 1 Corintios 16, 13 (sé valiente y fuerte)

Elige un versículo para memorizar para que Dios pueda usar su palabra para ayudarte a seguir adelante cuando estés desanimado. (Si necesitas estar convencido de que vale la pena el esfuerzo, regresa a la Semana 1 de esta guía, el Primer domingo de Cuaresma). Además, observa cómo Jesús usa la palabra de Dios cuando es tentado por Satanás en el desierto (Lucas 4, 1-13). Consulta también el Salmo 119, 9-11, donde el salmista habla acerca de cómo se fortalece a sí mismo con la palabra de Dios.

- Contar todo lo demás como "una desventaja comparado con el inapreciable conocimiento de Cristo Jesús" (Cf. Filipenses 3, 8) ocurre solo cuando hemos entrado verdaderamente en una relación auténtica, amorosa y gozosa con Jesús. Pasa algún tiempo con los pasajes de la página anterior, buscando razones para amar a Dios (involucrando tu mente) y, luego, expresando tu amor por Dios (involucrando tu corazón).

- Para un gran ejemplo de perseverancia y de renuncia a todo por Cristo, lee *El refugio secreto*, relato de Corrie ten Boom sobre la resistencia de su familia a los nazis durante la Segunda Guerra Mundial y su posterior encarcelamiento por esconder judíos. Ella habla de descubrir las riquezas de Dios incluso en los lugares más oscuros.

Lecturas de esta semana

Lunes
- Daniel 13, 1-9; 15-17; 19-30; 33-62
- Salmo 23, 1-6
- Juan 8, 1-11

Martes
- Números 21, 4-9
- Salmo 102, 2-3; 16-21
- Juan 8, 21-30

Miércoles
- Daniel 3, 14-20; 91-92; 95
- (Salmo) Daniel 3, 52-56
- Juan 8, 31-42

Jueves
- Génesis 17, 3-9
- Salmo 105, 4-9
- Juan 8, 51-59

Viernes
- Jeremías 20, 10-13
- Salmo 18, 2-7
- Juan 10, 31-42

Sábado
- Ezequiel 37, 21-28
- (Salmo) Jeremías 31, 10-13
- Juan 11, 45-56

Recen la siguiente oración
en voz alta juntos.

En el nombre del Padre, del Hijo y del Espíritu Santo.

"Señor, enséñame a ser generoso.
Enséñame a servirte como Tú mereces;
a dar sin contar el costo,
a luchar sin reparar en las heridas,
a laborar sin buscar descanso,
a trabajar sin pedir recompensa,
si no es el saber que cumplo tu voluntad". **Amén.**

Oración atribuida a San Ignacio de Loyola

Domingo de Ramos de la Pasión del Señor
Jesús, recuérdame

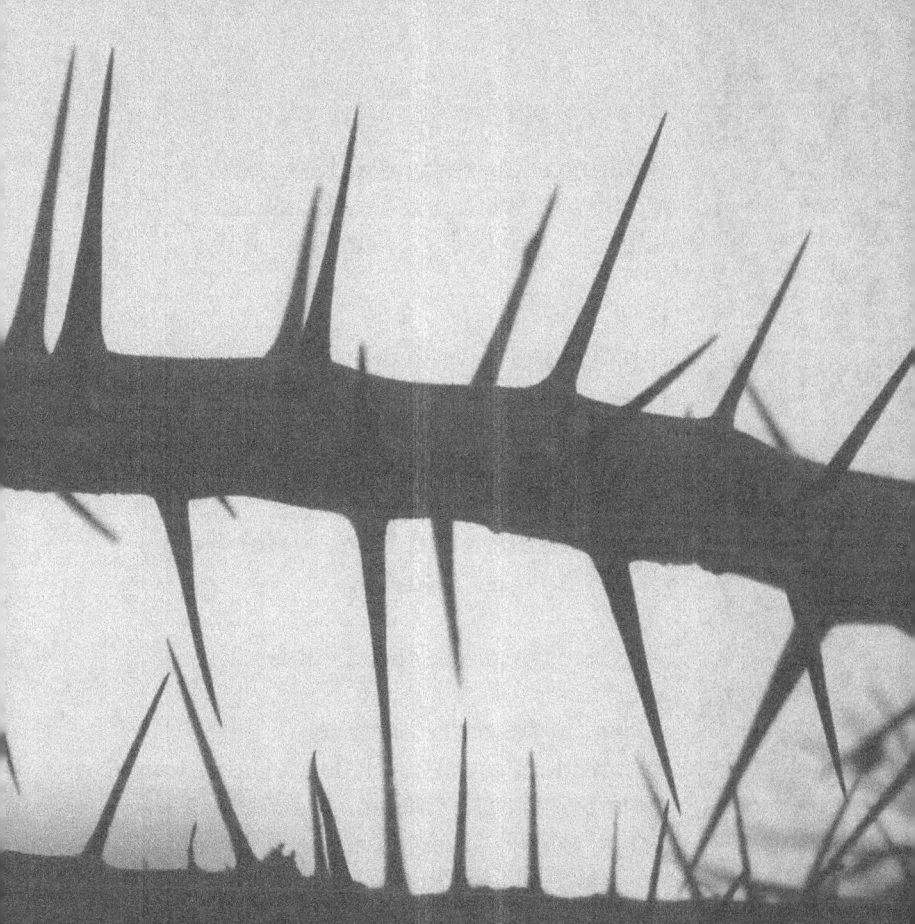

"Satanás ha pedido poder para zarandearlos como el trigo".

Lucas 22, 31

Oración inicial
Domingo de Ramos

A continuación, se muestra la segunda lectura del domingo de la Liturgia de la Pasión. Este pasaje de Filipenses puede haber sido un himno cristiano primitivo.

Pídale a una persona que rece las Sagradas Escrituras en voz alta lentamente y a otra que rece la oración siguiente.

En el nombre del Padre, del Hijo y del Espíritu Santo.

Tengan los mismos sentimientos
de Cristo Jesús.
Él, que era de condición divina,
no consideró esta igualdad con Dios como algo
que debía guardar celosamente:
al contrario, se anonadó a sí mismo, tomando la
condición de servidor
y haciéndose semejante a los hombres.
Y presentándose con aspecto humano,
se humilló hasta aceptar por obediencia la muerte
y muerte de cruz.
Por eso, Dios lo exaltó
y le dio el Nombre que está sobre todo
nombre,

para que al nombre de Jesús, se doble toda rodilla
en el cielo, en la tierra y en los abismos,
y toda lengua proclame para gloria de Dios Padre: "Jesucristo
es el Señor". (Filipenses 2, 5-11)

Espíritu Santo, nos llevas a reconocer a Jesucristo como el Señor.
Guía e inspira nuestros corazones y mentes mientras
nos reunimos para reflexionar sobre la Pasión de nuestro Señor.
Abre nuestros corazones para que podamos
escucharte hablar con nosotros
a través de tu santa palabra.
Padre, intensifica nuestro amor por tu Hijo
incrementando nuestro deseo de hacer su voluntad
en nuestras vidas.
Pedimos esto a través de Cristo Nuestro Señor.
Amén.

Debate de apertura
Domingo de Ramos

1. ¿Cómo respondes cuando algo o alguien no coincide con tus expectativas?

La lectura completa del Evangelio para el Domingo de Pasión es Lucas 22, 14; 23, 56. Las preguntas para debatir abordan solo el texto que aparece a continuación. Es posible que desees consultar en una Biblia el pasaje completo en caso de que tengas preguntas sobre versículos no incluidos aquí.

Pide a una persona que lea el pasaje de las Sagradas Escrituras en voz alta.

22, 14 Llegada la hora, Jesús se sentó a la mesa con los Apóstoles y les dijo: 15 "He deseado ardientemente comer esta Pascua con ustedes antes de mi Pasión, 16 porque les aseguro que ya no la comeré más hasta que llegue a su pleno cumplimiento en el Reino de Dios". 17 Y tomando una copa, dio gracias y dijo: "Tomen y compártanla entre ustedes. 18 Porque les aseguro que desde ahora no beberé más del fruto de la vid hasta que llegue el Reino de Dios". 19 Luego tomó el pan, dio gracias, lo partió y lo dio a sus discípulos, diciendo: "Esto es mi Cuerpo, que se entrega por ustedes. Hagan esto en memoria mía". 20 Después de la cena hizo lo mismo con la copa, diciendo: "Esta copa es la Nueva Alianza sellada con mi Sangre, que se derrama por ustedes".

1. Aquí está la Última Cena y la institución de la Eucaristía. Relee los versículos 15 a 16, que son exclusivos de Lucas. ¿Qué está transmitiendo Jesús aquí? ¿Cómo crees que se sintió Jesús al compartir esta última cena con sus discípulos?

2. ¿Qué podrían haber pensado los discípulos cuando Jesús, bendiciendo el pan y el vino, parecía predecir lo que le sucedería (versículo 18)? ¿Crees que entendieron las implicaciones de lo que estaba diciendo?

3. ¿Alguna vez has tenido un momento en que alguien dijo algo extremadamente significativo que solo más tarde reconociste que estaba lleno de significado?

Pide a una persona que lea el pasaje de las Sagradas Escrituras en voz alta.

[22, 39] En seguida, Jesús salió y fue como de costumbre al Monte de los Olivos, seguido de sus discípulos. [40] Cuando llegaron, les dijo: "Oren, para no caer en la tentación". [41] Después se alejó de ellos, más o menos a la distancia de un tiro de piedra, y puesto de rodillas, oraba: [42] "Padre, si quieres, aleja de mí este cáliz. Pero que no se haga mi voluntad, sino la tuya". [43] Entonces, se le apareció un ángel del cielo que lo reconfortaba. [44] En medio de la angustia, Él oraba más intensamente y su sudor era como gotas de sangre que corrían hasta el suelo. [45] Después de orar se levantó, fue hacia donde estaban sus discípulos y los encontró adormecidos por la tristeza. [46] Jesús les dijo: "¿Por qué están durmiendo? Levántense y oren para no caer en la tentación".

Domingo de Ramos

1. ¿Qué crees que temía Jesús mientras meditaba en el monte?

2. La descripción "...y su sudor era como gotas de sangre que corrían hasta el suelo" (versículo 44) es exclusivo de Lucas. ¿Qué aporta esto a su comprensión de la agonía en el monte?

3. Jesús aconseja a los discípulos que recen para que "no caer en la tentación" (versículo 46). ¿Qué tipo de tentaciones crees que invadirían a los apóstoles en este momento?

Pide a una persona que lea el pasaje de las Sagradas Escrituras en voz alta.

22, 47 Todavía estaba hablando, cuando llegó una multitud encabezada por el que se llamaba Judas, uno de los Doce. Este se acercó a Jesús para besarlo. 48 Jesús le dijo: "Judas, ¿con un beso entregas al Hijo del hombre?". 49 Los que estaban con Jesús, viendo lo que iba a suceder, le preguntaron: "Señor, ¿usamos la espada?" 50 Y uno de ellos hirió con su espada al servidor del Sumo Sacerdote, cortándole la oreja derecha. 51 Pero Jesús dijo: "Dejen, ya está". Y tocándole la oreja, lo curó. 52 Después dijo a los sumos sacerdotes, a los jefes de la guardia del Templo y a los ancianos que habían venido a arrestarlo: "¿Soy acaso un ladrón para que vengan con espadas y palos? 53 Todos los días estaba con ustedes en el Templo y no me arrestaron. Pero esta es la hora de ustedes y el poder de las tinieblas".

54 Después de arrestarlo, lo condujeron a la casa del Sumo Sacerdote. Pedro lo seguía de lejos.

Facilitador: Lee lo siguiente en voz alta:

Siéntate en silencio por un momento con los ojos cerrados. Medita en tu corazón sobre la escena y en las siguientes preguntas. Imagina que eres Judas, acercándote a Jesús en medio de una multitud que lleva antorchas y palos durante toda la noche. Ves a Jesús adelante con sus apóstoles. Has pasado los últimos años con estas personas. Esperabas que Él fuera el Mesías, el que liberaría a Israel de los romanos. Pero ahora...
¿Qué te llevó, Judas, a volverte contra Jesús?... ¿Qué sientes tú, Judas, cuando ves a Jesús y a los apóstoles?... ¿Cómo te sientes, Judas, cuando Jesús dice: "Judas, ¿con un beso entregas al Hijo del hombre?" (versículo 48)?

Después de unos momentos de silencio, pregunta:

1. ¿Alguien estaría dispuesto a compartir algo que surgió en su mente o corazón durante la reflexión?

Pide a una persona que lea el pasaje de las Sagradas Escrituras en voz alta.

[23, 20] Pilato volvió a dirigirles la palabra con la intención de poner en libertad a Jesús. [21] Pero ellos seguían gritando: "¡Crucifícalo! ¡Crucifícalo!". [22] Por tercera vez les dijo: "¿Qué mal ha hecho este hombre? No encuentro en él nada que merezca la muerte. Después de darle un escarmiento, lo dejaré en libertad". [23] Pero ellos insistían a gritos, reclamando que fuera crucificado y el griterío se hacía cada vez más violento. [24] Al fin, Pilato resolvió acceder al pedido

del pueblo. ²⁵ Dejó en libertad al que ellos pedían, al que había sido encarcelado por sedición y homicidio, y a Jesús lo entregó al arbitrio de ellos.

1. ¿Qué motivó a Pilato a ceder a las demandas de la multitud?

2. ¿Alguna vez has cedido a las demandas de un grupo e hiciste algo que no querías hacer? ¿Cómo te sentiste después? ¿Cómo crees que se podría haber sentido Pilato?

Pide a una persona que lea el pasaje de las Sagradas Escrituras en voz alta.

²³, ³⁹ Uno de los malhechores crucificados lo insultaba, diciendo: "¿No eres tú el Mesías? Sálvate a ti mismo y a nosotros". ⁴⁰ Pero el otro lo increpaba, diciéndole: "¿No tienes temor de Dios, tú que sufres la misma pena que él? ⁴¹ Nosotros la sufrimos justamente, porque pagamos nuestras culpas, pero él no ha hecho nada malo". ⁴² Y decía: "Jesús, acuérdate de mí cuando vengas a establecer tu Reino". ⁴³ Él le respondió: "Yo te aseguro que hoy estarás conmigo en el Paraíso".

1. Observa las respuestas de cada ladrón a Jesús. ¿Cómo describirías cada una de sus respuestas? ¿Qué crees que los motivó?

2. ¿Qué comprende el segundo ladrón acerca de Jesús?

3. ¿Qué crees que demuestran los ladrones acerca de nuestra salvación?

Pide a una persona que lea el pasaje de las Sagradas Escrituras en voz alta.

Cuando llegues al momento en el versículo 46 cuando Jesús muere, permite un momento de silencio.

[23, 44] Era alrededor del mediodía. El sol se eclipsó y la oscuridad cubrió toda la tierra hasta las tres de la tarde. [45] El velo del Templo se rasgó por el medio. [46] Jesús, con un grito, exclamó: "Padre, en tus manos encomiendo mi espíritu". Y diciendo esto, expiró. **(Silencio)** [47] Cuando el centurión vio lo que había pasado, alabó a Dios, exclamando: "Realmente, este hombre era un justo". [48] Y la multitud que se había reunido para contemplar el espectáculo, al ver lo sucedido, regresaba golpeándose el pecho. [49] Todos sus amigos y las mujeres que lo habían acompañado desde Galilea permanecían a distancia, contemplando lo sucedido.

Facilitador: Lee la siguiente meditación de San Agustín lento y solemnemente:

Mientras ellos miraban, también nosotros miramos sus heridas mientras está colgado. Vemos su sangre mientras muere. Vemos el precio ofrecido por el Redentor, tocar las cicatrices de su resurrección. Inclina la cabeza, como para besarte. Su corazón se abre, por así decirlo, enamorado de ti. Sus brazos están extendidos para que pueda abrazarte. Todo su cuerpo se muestra para tu redención. Medita en lo grandes que son estas cosas. Deja que todo esto se asiente en tu mente de forma correcta: así como una vez estuvo fijado a la Cruz en cada parte de su cuerpo por ti, así ahora puede estar fijo en cada parte de tu alma[1].

Domingo de Ramos

1. ¿Qué aspecto de la pasión de Cristo te llama más la atención?

2. ¿Qué te revela la crucifixión de Jesús acerca de quién es Dios?

[1]*Comentario de los primeros cristianos sobre las Sagradas Escrituras: Nuevo Testamento II.* Ed. Thomas C. Oden y Christopher A. Hall (Downers Grove, IL: InterVarsity Press), 199, pág. 224.

Esta es la Semana Santa, la culminación de la Cuaresma, los días santos de nuestra Iglesia. Debido a que nos preparamos durante los últimos cuarenta días en el desierto, ahora podemos experimentar plenamente lo que esta semana significa para cada uno de nosotros y para el mundo.

Son días de "gran terror, de signos y prodigios" (Semana 1; Deuteronomio 26, 8): una cena como ninguna otra; los hombres despertaron en un monte pacífico a una turba violenta que se movía hacia ellos en la oscuridad con antorchas y palos; los hombres abriendo los ojos para ver a su compañero traicionando a su maestro con un beso.

El "temor, una densa oscuridad" de la sangre y el sacrificio comienza (Semana 2, Génesis 15, 12). Caifás manipula; Pilato evade; Herodes humilla. Todo el poder mortal de Roma recae sobre un humilde maestro que se llama a sí mismo siervo (Lucas 22, 27).

Dios corrió hacia nosotros en Cristo, se hizo humano para que pudiera abrazarnos a nosotros como el padre lo hizo con el hijo pródigo (Semana 4, Lucas 15, 20). Corrió hacia nosotros porque Dios no podía soportar que sufriéramos eternamente en nuestro distanciamiento de Él.

Dios vino por nosotros en Cristo y lo matamos.

Esta es la Pascua del Señor. Deja que te libere de la esclavitud.

Dios hizo todo esto para que pudiéramos convertirnos en "nuevas criaturas" (Semana 4; Cf. 2 Corintios 5, 17); para que no sigamos siendo prisioneros del pecado. El Padre no podía soportar que estuviéramos viviendo vidas desperdiciadas en tierras lejanas a Él, resentidos con aquellos a quienes fuimos dados a amar, acusando a los hermanos en lugar de enfrentar nuestros propios pecados (Semana 4, Lucas 15; Semana 5, Juan 8). Dios quiere mucho más para su preciosa creación: que nos convirtamos en sus hijos, trabajando para dar fruto en los campos del Señor (Semana 3; Lucas 13).

Esta semana, entra comprometidamente en la Pasión de nuestro Señor. Él ha "bajado a librarnos" (Semana 3; Éxodo 3, 8). Deja que su Pasión te libere haciéndote nuevo.

¿Quién no quiere ser nuevo? ¿Quién no quiere deshacerse de todo lo que limita la vida? ¿Quién no quiere ser liberado de una dura servidumbre (Semana 1; Deuteronomio 26, 6)? El Señor ve nuestra opresión (Semana 3; Éxodo 3, 7), y Él viene a liberarnos.

Usa todas las herramientas espirituales que has practicado en esta Cuaresma para conectarte con la Cruz y la Pasión de Cristo esta semana. El lunes y el martes, lucha contra la tentación de evitar y de esconderte de cualquier manera natural que hagas.

Reza por el poder de la perseverancia con las Sagradas Escrituras que memorizaste en las Semanas 1 y 5. Si las Sagradas Escrituras que elegiste esas semanas no son apropiadas, escoge otras de esas sesiones y memorízalas.

El miércoles, regresa a los ejercicios de la Semana 4. Si estuvieras enfrentando la muerte, ¿a quién tendrías que perdonar: a alguien que te ha hecho daño a ti, a ti mismo o a alguien que ya no está en tu vida o en el mundo?

El Jueves Santo, usa los ejercicios que te ayudaron a escuchar a Dios en la Semana 2 para hablar con Jesús en la Última Cena. Leemos la versión de Juan de la Última Cena en la Misa del Jueves Santo, que incluye a Jesús lavando los pies de los apóstoles. Imagina a Jesús lavando tus pies. ¿Quieres preguntarle algo? ¿Decirle algo? Habla con Jesús lo que sea que entre en tu corazón.

Si no puedes asistir a la Misa del Jueves Santo, relee la descripción de Lucas de la Última Cena (22, 14-34). Date tiempo tranquilo a considerar esa comida. Debes estar presente con Jesús allí. Habla con Él sobre lo que está sucediendo y lo que significa para ti.

El Viernes Santo, relee Lucas 23 de forma tranquila y reflexiva. Esto te lleva de Getsemaní al Calvario. San Ignacio enseñó que Dios puede usar nuestra imaginación para plantar ideas o imágenes que quiere que consideremos. Imagínate en cada escena con Jesús o con sus seguidores.

Deja que tu mente vaya a donde el Espíritu Santo te lleve: con Jesús mientras meditaba en el monte o con los apóstoles somnolientos que no podían permanecer despiertos mientras su maestro y amigo lloraba de terror. Asiste a los juicios ante Caifás, Pilato y Herodes. Lleva tu propia Cruz hasta el Calvario con el Señor o sé un espectador entre la multitud.

No te preocupes por la decisión de quién ser. Confía en el Espíritu Santo para que te guíe a donde necesites ir.

Lo más importante, trae tus propios sufrimientos a cada escena. Al igual que Pablo, el deseo de compartir los sufrimientos de Cristo encontrando puntos de conexión entre lo que sufres y lo que Jesús sufre (Semana 5; Filipenses 3, 10). Si esto es una lucha, habla con Cristo acerca de cómo hacerlo. Pregúntale cómo ver tu propio sufrimiento en el suyo. Sobre todo, al contemplar la crucifixión y todo lo que conduce a ella, "escúchenlo" (Semana 2; Lucas 9, 35).

Si es posible, asiste al servicio del Viernes Santo que conmemora la muerte del Señor en la Cruz, la Cruz que te salva.

Domingo de Ramos

Reza la siguiente oración cada noche antes de irte a dormir.

Todas la obras y milagros de Cristo son sobresalientes, divinos y admirables;

pero lo más digno de admiración es su venerable Cruz.
Porque por ninguna otra causa se ha abolido la muerte,
se ha extinguido el pecado del primer padre,
se ha expoliado el Infierno,
se nos ha entregado la resurrección,
se nos ha concedido la fuerza de despreciar el mundo presente y la muerte misma,
se ha enderezado nuestro regreso a la primitiva felicidad
se han abierto las puertas del Paraíso,
se ha situado nuestra naturaleza junto a la diestra de Dios,
y hemos sido hechos hijos y herederos suyos.
La cruz ha garantizado todas estas cosas:
Es el sello para que no nos alcance el ángel exterminador,
Es el instrumento para levantar a los que yacen,
el apoyo de los que se mantienen en pie,
el bastón de los débiles,
la vara de los que son apacentados,
la guía de los que se dan la vuelta hacia atrás,
el punto final de los que avanzan,
la salud del alma y del cuerpo,
la que ahuyenta todos los males,
la que acoge todos los bienes,
la muerte del pecado,
la planta de la resurrección,
el árbol de la vida eterna.

Juan Damasceno (c. 675-749), *La Fuente del Conocimiento*

Lecturas de esta semana

Lunes de Semana Santa
- Isaías 42, 1-7
- Salmo 27, 1-3, 13-14
- Juan 12, 1-11

Martes de Semana Santa
- Isaías 49, 1-6
- Salmo 71, 1-6b; 15; 17
- Juan 13, 21-33; 36-38

Miércoles de Semana Santa
- Isaías 50, 4-9
- Salmo 69, 8-10; 21-22; 31; 33-34
- Mateo 26, 14-25

Jueves Santo
- Éxodo 12, 1-8; 11-14
- Salmo 116, 12-13; 15-18
- 1 Corintios 11, 23-26
- Juan 13, 1-15

Viernes Santo
- Isaías 52, 13; 53, 12
- Salmo 31, 2; 6; 12-13; 15-17; 25
- Hebreos 4, 14-16; 5, 7-9
- Juan 18, 1; 19, 42

Oración final
Domingo de Ramos

Pídele a una persona que lea el primer párrafo de Santa Teresa de Calcuta. Pídele a otra persona que lea el segundo párrafo, una oración que se encontró en su cuaderno privado.

Después de las lecturas, tómense un momento para guardar silencio juntos. Quizás desees dar un tiempo para oraciones espontáneas de alabanza, acción de gracias o petición antes de cerrar su tiempo juntos.

> El sufrimiento, el dolor —el fracaso— no son sino un beso de Jesús, un signo de que se ha llegado tan cerca de Jesús en la Cruz que Él puede besarte. Así, hija mía, sé feliz... No te desanimes... sonríe en cambio... Para ti es una oportunidad muy hermosa de llegar a ser plena y totalmente toda para Jesús[1].

> ¡Oh, Jesús!, único amor de mi corazón, deseo sufrir lo que sufro y todo lo que Tú quieras que yo sufra por Tu amor puro, no por los méritos que pueda obtener, ni por las recompensas que Tú me has prometido; sino solo para agradarte, alabarte, bendecirte tanto en las tristezas como en las alegrías[2].

---

[1] Madre Teresa a una Hermana Misionera de la Caridad, 8 de abril de 1977. Tomado de *Ven y sé mi luz: Los escritos privados de la santa de Calcuta* (Nueva York: Doubleday), 2007, pág. 282.

[2] Oración dictada por Jesús a la Hermana de la Visitación Sor Benigna Consolata Ferrero (1885-1916), copiada por la Madre Teresa en la primera página de su cuaderno médico en Patna, fechada en 1948. Tomado de *Ven y sé mi luz: Los escritos privados de la santa de Calcuta* (Nueva York: Doubleday), 2007, pág. 124.

Encuentro con el Señor resucitado

Domingo de Resurrección: La Resurrección del Señor

Y las mujeres recordaron sus palabras.

Lucas 24, 8

Oración inicial
Domingo de Resurrección

Recen la siguiente oración en voz alta juntos, una Oración de Alabanza de Pascua

En el nombre del Padre, del Hijo y del Espíritu Santo.

Bendito sea el Dios y el Padre
de nuestro Señor Jesucristo.
En su gran misericordia,
nos hizo renacer
a una esperanza viva a través
de la resurrección
de Jesucristo de entre los muertos
y a una herencia
imperecedera, incontaminada e
incorruptible.
Está reservada en el Cielo para ti,
que debido a tu fe en Dios
estás siendo protegido por su poder
hasta la salvación
que está lista para ser revelada al final
de los tiempos.
Amén.

Adaptación de 1 Pedro 1, 3-5

Encuentro con el Señor Resucitado

La Pascua es una fiesta tan grande que no se puede celebrar en un solo día. Es, por eso, que la Iglesia se regocija durante ocho días durante la Octava de Pascua en la que estamos ahora. Este último encuentro nos da la oportunidad dentro de la Fiesta de Pascua de celebrar juntos la Resurrección de nuestro Señor y pensar en cómo los últimos cuarenta días y la Semana Santa pueden dar forma a toda nuestra vida.

1. ¿Qué semana de este estudio cuaresmal tuvo más impacto en ti? ¿Por qué?

La primera lectura para el debate es una de las opciones para la Misa del Domingo de Pascua durante el día. El pasaje del Evangelio es de la liturgia de la Vigilia Pascual. Dependiendo de cuándo fuiste a la Misa de Pascua, escuchaste una u otra de estas lecturas proclamadas y predicadas.

Debate de apertura
Domingo de Resurrección

Pide a una persona que lea el pasaje de las Sagradas Escrituras en voz alta.

1 Corintios 5, 6-8

[6] ¿No saben que "un poco de levadura hace fermentar toda la masa"? [7] Despójense de la vieja levadura, para ser una nueva masa, ya que ustedes mismos son como el pan sin levadura. Porque Cristo, nuestra Pascua, ha sido inmolado. [8] Celebremos, entonces, nuestra Pascua, no con la vieja levadura de la malicia y la perversidad, sino con los panes sin levadura de la pureza y la verdad. (El Libro del Pueblo de Dios)

1. Un tema presente en esta lectura y a lo largo de los escritos de Pablo es su idea de la vieja vida antes de Cristo y la nueva vida en Cristo. ¿Cuáles crees que son las diferencias entre las dos?

2. ¿De qué manera el tiempo de Cuaresma te permitió entrar más plenamente en una nueva vida con Cristo? ¿Afectó tus relaciones con los demás?

3. ¿De qué "vieja levadura" fuiste desafiado a despojarte (versículo 7)?

4. Durante este tiempo de Cuaresma, ¿qué herramientas encontraste particularmente útiles para crecer en la nueva vida?

Facilitador: Lee el siguiente ejercicio de meditación en voz alta de una manera reflexiva y de oración.

Tómense un momento en grupo para recogerse en silencio y preparar su mente y corazón para la oración. Quizás quieran cerrar los ojos para reflexionar mientras el facilitador lee.

Para ayudarnos a prepararnos para recibir el Evangelio, imagínate en las sandalias de uno de los discípulos que siguieron diligentemente a Jesús. **(Pausa)** Entregaste tu vida a su ministerio y sacrificaste todo lo que tenías: tus amigos, tu familia, tu sustento, tu posición como un judío bueno y observante, ¡todo! **(Pausa)** Cristo te llamó por tu nombre y te dio esperanza en algo más grande que tú mismo. Tú creíste ardientemente que Jesús era el Mesías, el Elegido, el Hijo de Dios. **(Pausa)**

Luego Él murió, como un criminal colgado de una cruz. **(Pausa)**

Fue ridiculizado, avergonzado, torturado y crucificado. Piensa en eso por un momento. **(Pausa)** ¿Qué sentimientos podrías tener? ¿Traición? ¿Miedo? ¿Enojo? ¿Desesperación? Fuiste testigo de los milagros de un hombre que esperabas que fuera el Hijo de Dios. Anhelabas creer en lo que dijo. Querías creer que iba a volver. Sin embargo, la gente moría todos los días de maneras mucho menos brutales y no regresaban.

Aun así, algo era diferente en este hombre.

Tómate unos momentos para reflexionar.

Domingo de Resurrección

Pide a una persona que lea el pasaje de las Sagradas Escrituras en voz alta.

Lucas 24, 1-12

¹El primer día de la semana, al amanecer, las mujeres fueron al sepulcro con los perfumes que habían preparado. ²Ellas encontraron removida la piedra del sepulcro ³y entraron, pero no hallaron el cuerpo del Señor Jesús. ⁴Mientras estaban desconcertadas a causa de esto, se les aparecieron dos hombres con vestiduras deslumbrantes. ⁵Como las mujeres, llenas de temor, no se atrevían a levantar la vista del suelo, ellos les preguntaron: "¿Por qué buscan entre los muertos al que está vivo? No está aquí, ha resucitado. ⁶Recuerden lo que Él les decía cuando aún estaba en Galilea: ⁷que el Hijo del Hombre debe ser entregado en manos de hombres pecadores, y ser crucificado y al tercer día resucitar". ⁸Y las mujeres recordaron sus palabras. ⁹Cuando regresaron del sepulcro, refirieron esto a los Once y a todos los demás. ¹⁰Eran María Magdalena, Juana y María, la madre de Santiago, y las demás mujeres que las acompañaban. Ellas contaron todo a los Apóstoles, ¹¹pero a ellos les pareció que deliraban y no les creyeron. ¹²Pedro, sin embargo, se levantó y corrió hacia el sepulcro, y al asomarse, no vio más que las sábanas. Entonces regresó lleno de admiración por lo que había sucedido.

1. ¿Cuáles fueron algunas de las emociones que recuerdas haber experimentado en nuestra meditación sobre la pasión antes de la Semana Santa? ¿Qué sentimientos iniciales podrías experimentar al ver que la piedra fue removida?

2. ¿Cuál fue la reacción de las mujeres hacia los dos hombres que eran ángeles? ¿Cuál crees que podría ser tu reacción?

3. ¿Puedes recordar un momento en tu vida en el que "recordaste sus palabras" (versículo 8)? ¿Cómo cambiaron tus sentimientos y acciones?

4. ¿Alguna vez fuiste ridiculizado por compartir una experiencia de Dios? ¿Cómo te afectó esto?

5. ¿La ridiculización afectó tu confianza en tus propias experiencias de Dios o tu fe en Dios?

6. ¿Por qué crees que la reacción de Pedro fue tan diferente de las demás?

7. Pedro regresó asombrado. ¿Cuándo te sorprendiste por la vida resucitada de Jesús obrando en tu vida o en la vida de los demás?

Conexión con la Cruz este año
Domingo de Resurrección

Comenzamos la Cuaresma con el estímulo de invitar a Dios a nuestras vidas para que pudiéramos ser transformados. ¿Cómo sabes que alguien cambió? Es simple: se comportan de manera diferente. El cambio espiritual ocurre interiormente, pero siempre se manifiesta en nuestro comportamiento.

Si bien estos cambios en tu vida son reales y pueden ser duraderos, pueden perderse. Es por eso que a lo largo de su primera carta a los Corintios, Pablo exhorta a los jóvenes cristianos a vivir en Cristo, para que ellos mismos sean "los panes sin levadura" (versículo 8). Solo vivir en Cristo hace posible despojarse de la "vieja levadura" (versículo 7) día a día.

En su encíclica *Deus Caritas Est*, el Papa Benedicto XVI dijo que ser seguidor de Cristo "no es el resultado de una decisión ética o una gran idea, sino por el encuentro con un acontecimiento, con una Persona, que da un nuevo horizonte a la vida y, con ello, una orientación decisiva" (1). Es a través de nuestra conexión con Cristo que somos hechos nuevas creaciones cada día. Esa conexión da a nuestras vidas la "orientación decisiva" de alguien que conoce y ama a Jesús.

Una característica de una vida renovada y transformada en amor es el deseo de una conexión más profunda con los demás y el mundo. Vemos esto todo el tiempo: los amantes se convierten en cónyuges cuyo amor engendra hijos; los alcohólicos en recuperación se convierten en patrocinadores de los recién sobrios; la persona que ha encontrado profundamente la naturaleza se dedica a preservar la creación de Dios.

De esto puedes estar seguro: cada una de esas personas debe conectarse continuamente con la fuente de su amor para seguir viviendo ese amor. Los cónyuges necesitan tiempo a solas en citas sin los niños. Los alcohólicos en recuperación que sirven como patrocinadores reciben apoyo y renovación de su propia familia y amigos de apoyo. La ambientalista regresa a la tranquila ladera de la montaña que ama.

Tus experiencias en esta Cuaresma con los métodos para encontrar a Cristo que se brindan en "Conexión con la Cruz esta semana" pueden ayudarte, también, a volver a la fuente de todo amor y belleza: Dios, conocido en Jesucristo, Aquel que vino a librarnos. Lleva las prácticas que tocaron tu vida a la temporada de Pascua y a todo el año. Ellas mantendrán tu conexión con Cristo fuerte, tu horizonte a la vista y tu dirección decisiva.

Permite que estas prácticas te guíen ahora. Ellas permitirán que Dios te renueve una y otra vez, te levante de la vergüenza y el dolor y te eleve con Él en la gloria. ¡Ha resucitado! ¡Aleluya!

Domingo de Resurrección

Vivir la alegría de la Resurrección durante todo el año

Estas son algunas maneras en que puedes continuar creciendo en tu vida en Cristo este año:

- El Papa San Juan Pablo II dijo: "Quien ha encontrado verdaderamente a Cristo no puede tenerlo solo para sí, debe anunciarlo" (*Novo millennio ineunte*, 40). Tú te conectaste con Jesús. ¡Díselo a la gente! Podrían responder como San Pedro e ir a verlo por sí mismos. Pueden recorrer un largo camino en el trayecto, pero en última instancia, si se encuentran con Cristo resucitado, ellos también se sorprenderán ante la muerte derrotada, llenos de nueva esperanza para ellos y para el mundo.

- Revisa las secciones "Conexión con la Cruz esta semana" de este libro para recordar las palabras que Jesús le dijo a tu corazón en esta temporada de Cuaresma. Escoge uno o dos de los ejercicios espirituales que fueron más poderosos para ti y comprométete a convertirlos en una parte regular de tu vida de oración este próximo año.

- Con el fin de "despojarte de la vieja levadura" continuamente (1 Corintios 5, 7), ve al Sacramento de la Reconciliación con más frecuencia este año. En tus tiempos de autoexamen, pídele al Señor que revele cualquier "vieja levadura" oculta en tu vida. Pide convertirte en nueva masa sin levadura a través de la gracia disponible en la Eucaristía sin levadura.

Encuentro con el Señor resucitado

Lecturas de esta semana

Lunes
- Hechos 2, 14; 22-33
- Salmo 16, 1-2; 5; 7-11
- Mateo 28, 8-15

Martes
- Hechos 2, 36-41
- Salmo 33, 4-5; 18-20; 22
- Juan 20, 11-18

Miércoles
- Hechos 3, 1-10
- Salmo 105, 1-4; 6-9
- Lucas 24, 13-35

Jueves
- Hechos 3, 11-26
- Salmo 8, 2; 5-9
- Lucas 24, 35-48

Viernes
- Hechos 4, 1-12
- Salmo 118, 1-2; 4; 22-27
- Juan 21, 1-14

Sábado
- Hechos 4, 13-21
- Salmo 118, 1; 14-21
- Marcos 16, 9-15

Oración final
Domingo de Resurrección

Todos | Señor Jesús, has resucitado de la tumba.
¡La muerte ha sido derrotada!
¡Aleluya, aleluya!

Lector | Las mujeres corrieron de la tumba vacía para decirles a los apóstoles y discípulos lo que habían visto y oído:
"¡La tumba está vacía!
¡Jesús había dicho que esto sucedería! ¿Recuerdan?
Pues, sucedió.
¡No está muerto!"

Todos | Señor Jesús, has resucitado de la tumba.
¡La muerte ha sido derrotada!
¡Aleluya, aleluya!

Lector | Las mujeres no podían realizar sus tareas y trabajos diarios como si nada hubiera pasado. Ayúdanos a ser como ellos, impulsados por la gloria de tu Resurrección en todo lo que hacemos.

Todos | Señor Jesús, has resucitado de la tumba.
¡La muerte ha sido derrotada!
¡Aleluya, aleluya!

Lector | Queremos vivir y proclamar la verdad: *¡Jesús está vivo!* Ayúdanos a contarle a la gente sobre Él. Ayúdanos a saber que no necesitamos palabras elegantes o teología complicada, solo el mismo tipo de asombro y emoción de las mujeres que salieron corriendo de la tumba.

Todos | Señor Jesús, has resucitado de la tumba.
¡La muerte ha sido derrotada!
¡Aleluya, aleluya!

Lector | Ayúdanos a no tener miedo de usar tus propias palabras para compartir las buenas nuevas de Jesús vivo en nuestros corazones.

Lector | Señor Jesús, has resucitado de la tumba.
¡La muerte ha sido derrotada!
¡Aleluya, aleluya!

Apéndices para los participantes

- **A** Guía de debate para grupos pequeños
- **B** Guía para leer las Sagradas Escrituras, los maestros espirituales y los santos
- **C** Aprender a escuchar a Dios
- **D** El proceso del perdón
- **E** Guía para el Sacramento de la Reconciliación

Apéndice A

Un grupo pequeño busca fomentar una exploración honesta de Jesucristo entre todos. Para muchos, esta será una nueva experiencia. Quizás te preguntes qué sucederá. ¿Encajaré? ¿Querré volver?

Aquí hay algunas expectativas y valores para ayudar a los participantes a comprender cómo funcionan los grupos pequeños, y lo que los hace funcionar y lo que no. Cuando un grupo se reúne por primera vez, el facilitador quizás quiera leer lo siguiente en voz alta y hablarlo para asegurarse de que las personas entiendan los parámetros de los grupos pequeños.

Propósito
Nos reunimos como buscadores. Nuestro propósito expreso de estar aquí es explorar juntos lo que significa vivir el Evangelio de Jesucristo en y a través de la Iglesia.

Prioridad
Para cosechar todo el fruto de este camino personal y comunitario, cada uno de nosotros hará de la participación en las reuniones semanales una prioridad.

Participación
Nos esforzaremos por crear un entorno en el que todos sean alentados a compartir a su nivel de comodidad.

Pautas del debate
El propósito de nuestro tiempo de reunión es compartir el debate "lleno del Espíritu". Este tipo de diálogo ocurre cuando la presencia del Espíritu Santo es bienvenida y alentada por la naturaleza y el tenor del debate. Para ayudar a que esto suceda, observaremos las siguientes pautas:

- Los participantes siempre tratan der ser respetuosos, humildes, abiertos y honestos al escuchar y compartir: no interrumpen, responden abruptamente, condenan lo que otro dice, ni siquiera juzgan en sus corazones.

- Los participantes comparten en el nivel que sea cómodo para ellos personalmente.

- El silencio es una parte vital de la experiencia. Los participantes tienen un tiempo para reflexionar antes de comenzar el debate. Ten en cuenta que muchas veces se produce un período de silencio agradable entre las personas que hablan.

- Se anima a los participantes a compartir con entusiasmo, teniendo cuidado, al mismo tiempo, para permitir que otros (sobre todo los miembros más callados) tengan la oportunidad de hablar. Cada participante debe tratar de mantener un equilibrio: participar sin dominar la conversación.

- Los participantes mantienen la confidencialidad de cualquier cosa personal que pueda ser compartida en el grupo.

- Quizás lo más importante es que los participantes deben cultivar la atención al deseo del Espíritu Santo de estar presentes en el tiempo que pasan juntos. Cuando la conversación parezca necesitar ayuda, pide la intercesión del Espíritu Santo en silencio en tu corazón. Cuando alguien está hablando de algo doloroso o difícil, pídele al Espíritu Santo que consuele a esa persona. Pídele al Espíritu que ayude al grupo a responder con sensibilidad y amor. Si alguien no está participando, rezar por esa persona durante el silencio puede ser más útil que una pregunta directa. Estos son solo algunos ejemplos de las formas en que cada persona puede invocar personalmente al Espíritu Santo.

Tiempo

Es importante que tu grupo comience y termine a tiempo. Generalmente, un grupo se reúne durante unos noventa minutos, con unos treinta minutos adicionales más o menos después para tomar un refresco. Acuerden estos tiempos en grupo y trabajen para honrarlos.

Apéndice

Una vez que Dios capta nuestra atención, muchas veces nos encontramos queriendo más. Al mismo tiempo, no tenemos ni idea de cómo buscar a Dios por nuestra cuenta sin el apoyo de nuestro grupo pequeño.

La tradición católica contiene un tesoro de riquezas espirituales que se pueden utilizar. Este apéndice ofrece una variedad de medios para llegar a conocer a Jesús más profundamente: hablar de las Sagradas Escrituras con un amigo, leer la Biblia y leer los escritos de los santos y maestros espirituales. Echa un vistazo para encontrar lo que atrae a tu corazón.

Para una charla con un amigo cristiano
Lean Hebreos 4, 12 juntos y analicen las siguientes preguntas:

1. ¿Qué significa para ti la metáfora "más cortante que cualquier espada de doble filo"?

2. ¿Por qué penetraría la palabra de Dios "hasta la raíz del alma y del espíritu, de las articulaciones y de la médula"? ¿Qué crees que el autor de Hebreos quiere que entiendas con esta imagen o metáfora?

3. ¿Puedes explicar en términos prácticos cómo la palabra de Dios juzga las reflexiones y pensamientos del corazón?

4. ¿Alguna vez has experimentado que la palabra de Dios se vuelve "viva" para ti, tocando tu corazón y tu mente para convertirte, incluso si se trataba de algo menor?

5. ¿Alguna vez acudes a la palabra de Dios en tiempos en que no tienes otro lugar a donde recurrir? ¿Cuáles han sido los resultados?

6. ¿Qué desafíos tuviste con las Sagradas Escrituras? ¿Cómo pudiste atravesarlos?

Conocer a Cristo a través de la Biblia

1. Un lápiz y un papel pueden marcar la diferencia entre leer la Biblia y realmente meditar en ella, considerar la historia o enseñar profundamente para familiarizarse más con Jesús.

2. Escribe las observaciones sobre el texto mientras lees y registra las preguntas que te vengan a la mente, ya sea en los márgenes de la Biblia o en un diario.

3. Busca las referencias cruzadas si tu Biblia las tiene, o búscalas en Internet, especialmente si se relacionan con tus preguntas. Registra tus ideas.

4. Encuentra una palabra clave en tu texto que te interese y usa una concordancia en Internet para revisar dónde más aparece. Lee esos otros pasajes para profundizar tu comprensión del significado de esa palabra. Toma nota de tus sentimientos.

5. Para quienes son más visuales, haz un dibujo inspirado en una historia de las Sagradas Escrituras.

6. Resume por escrito lo que sucedió en el pasaje de las Sagradas Escrituras que leíste o lo que el autor estaba diciendo.

Los tres elementos esenciales para una experiencia rica de Dios a través de las Sagradas Escrituras: Memorizar, meditar y aplicar

Memorizar

Podemos pensar que la memorización es tediosa y una pérdida de tiempo, pero eso no es cierto. Tener las palabras de Jesús o de sus seguidores a mano puede ser un paso importante para conocerlo. Cuando realmente conoces a un amigo, a veces piensas: "Sé lo que 'Joe' diría en esta situación". Lo mismo ocurre con Jesús. A medida que lo conozcas mejor, querrás poder recordar algo que dijo, porque cuando lo hagas, sentirás su presencia más intensamente. Pero solo puedes hacerlo si memorizaste sus palabras.

Si las sabes de memoria, las Sagradas Escrituras están disponibles para ti en cualquier momento, en cualquier lugar, de día o de noche, ya sea que estés libre o encarcelado, sano o enfermo, caminando con un amigo o sentado en silencio ante la Eucaristía.

Aquí hay algunas técnicas para ayudarte con la memorización:

1. Memorizar es mucho más fructífero después de haber meditado un pasaje. (Consulta las instrucciones para la meditación a continuación).

2. Memoriza constantemente durante unos días en lugar de abarrotar todo a la vez. Retendrás la información por más tiempo y meditar en ella te dará tiempo para considerar lo que se está diciendo.

3. Continúa revisando las palabras que memorizaste o las perderás.

Uno de los mejores momentos para hacer esto es justo antes de dormirte. A la hora de acostarte no necesitas la mente fresca necesaria para una nueva memorización.

Meditar

La meditación es un pensamiento profundo sobre las enseñanzas y realidades espirituales en las Sagradas Escrituras con el propósito de entender, aplicar y rezar. Una breve descripción podría ser "absorción", "atención enfocada" o "consideración intensa".

La meditación va más allá de escuchar, leer, estudiar o incluso memorizar. En cambio, es un medio para absorber las palabras y permitir que Dios te hable a través de ellas.

Tanto los judíos como los cristianos atestiguaron que *Dios usa las Sagradas Escrituras para hablarnos.* Cuando nos ponemos a disposición de Dios mental y espiritualmente de esta manera, Él nos alcanzará a través de su Palabra.

Dios es gentil y misericordioso, nunca nos obligará. Más bien, nos invita continuamente. Cuando damos el tiempo y la atención que la meditación requiere, Dios a cambio nos da todos los regalos que un padre amoroso anhela dar a sus hijos.

Comienza con versículos que se relacionen visiblemente con tus propias preocupaciones y necesidades personales. Estos se pueden encontrar fácilmente en cualquier motor de búsqueda de Internet. (Por ejemplo, busca "pasajes de las Sagradas Escrituras sobre la ansiedad" o "versículos de la Biblia sobre la búsqueda de la fortaleza de Dios"). A través de los versículos de las Sagradas Escrituras relevantes para tu vida, Dios puede satisfacer tus necesidades muy rápidamente. Él quiere que nuestra comunicación con Jesús esté enraizada en las Sagradas Escrituras.

Algunos consejos y métodos para la meditación:

1. Resume en tus propias palabras lo que el pasaje está diciendo o qué sucede en qué orden en una narrativa o diálogo.

- Puedes hacerlo en tu cabeza, pero es aún mejor si lo anotas en un diario. Esta es una práctica extremadamente útil. Algunos creemos que conocemos las Sagradas Escrituras porque son proclamadas en la Iglesia, particularmente los Evangelios. Sin embargo, cuando tratamos de resumir el orden de los eventos/diálogo, ¡aprendemos cuánto nos perdimos!

- No te preocupes por tratar de resumir de memoria. Debes volver al texto para aclarar. A veces, observar que pasaste por alto algunos versículos puede ser una indicación de que necesitas dedicar tiempo a una enseñanza en particular.

2. Habla con Jesús acerca del pasaje de las Sagradas Escrituras que estás leyendo.

- Al hablar con Jesús, sometes tu mente a la iluminación del texto por parte del Espíritu Santo e intensificas tu percepción espiritual.

- Date un tiempo tanto para leer como para hablar con Jesús. Si te apresuras en la lectura, no retendrás nada. Si le dices algunas palabras a Jesús y luego te apresuras, realmente no le estás dando tiempo para hablar o explicarte cosas. Piensa cuánto retienes o recibes cuando te apresuras a hablar con otra persona. Lo mismo pasa con Dios.

3. Quien mucho abarca poco aprieta. Es mejor leer y considerar unos pocos versículos o un pasaje corto que ingerir grandes trozos sin meditación.

Aplicar

Si hacemos algo sobre lo que hemos leído, lo que leemos se incorpora a nuestras vidas como no puede ser de otra manera. "Pongan en práctica la Palabra y no se contenten solo con oírla, de manera que se engañen a ustedes mismos" (Santiago 1, 22). Una aplicación es un paso concreto que puedes dar en respuesta a tu oración y meditación.

1. Espera encontrar una aplicación: abre la Biblia esperando descubrir lo que necesitas.

2. Medita para discernir una aplicación. La meditación no es un fin en sí misma. Conduce a la transformación interior, y esta proviene y conduce a la acción.

3. A veces, un paso de acción es tan evidente que se destaca. Si esto no sucede, asegúrate de hacer preguntas sobre el texto que te orienten hacia la acción. Por ejemplo:

- ¿Este texto revela algo que debería creer?

- ¿Este texto revela algo por lo que debo alabar o agradecer o confiar en Dios?

- ¿Este texto revela algo por lo que debo rezar por mí mismo y por los demás?

- ¿Este texto revela algo sobre lo cual debería tener una nueva actitud?

- ¿Este texto revela algo sobre lo que debo tomar una decisión?

- ¿Este texto revela algo que debo hacer por el bien de Cristo y de los demás o de mí mismo?

Comprométete con una respuesta específica. Menos es más si realmente lo haces.

La lectura de las Sagradas Escrituras y las técnicas de meditación son necesarias porque todos necesitamos evitar la lectura superficial. La tecnología moderna nos forma para una comunicación rápida y superficial. De hecho, a menudo hablamos con otras personas superficialmente porque nuestra atención está en enviar mensajes de texto, tuitear, lo próximo que vamos a hacer: ¡la lista es interminable!

Debemos luchar contra esta tendencia por el bien de nuestra humanidad. En un episodio de un viejo programa de televisión de ciencia ficción, *Star Trek* original, los antiguos habitantes de otro planeta habían acelerado continuamente, moviéndose tan rápido que terminaron convirtiéndose simplemente en zumbidos. Cuando invadieron la nave espacial *Enterprise*, la tripulación pensó que las moscas habían entrado con los suministros de alimentos. Estos alienígenas habían perdido a sus propios seres porque valoraban la velocidad por encima de todo.

Observa si estás leyendo las Sagradas Escrituras apresuradamente o de una manera superficial porque crees que deberías hacerlo, no porque estés buscando encontrarte con Dios allí.

Si Jesús te encontrara en la calle hoy, ¿crees que sería superficial, te escucharía a medias, o estaría apurado o distraído? ¿Pueden ser estos los modos de un Dios amoroso? Si no, entonces tampoco pueden ser los modos de una persona amorosa. Recuerda: Cristo es esa "otra gente" que encontrarás en la calle y dondequiera que vayas cada día. La atención amorosa a Dios en las Sagradas Escrituras nos forma para la atención amorosa a los demás.

Lectura espiritual

La Iglesia ha valorado constantemente el testimonio de la comunión de los santos. Somos afortunados de que, como católicos, tenemos una rica tradición de historias de hombres y mujeres santos, cuyas vidas han dado testimonio de su gran amor a Dios y a los demás. Además, muchos santos canonizados por la Iglesia, así como otros maestros espirituales, han dejado obras escritas o artísticas que la Iglesia reconoce como herramientas invaluables para llegar a conocer a Dios.

Tal vez, especialmente si fuiste criado como católico, ya tienes interés en un santo o maestro espiritual específico. Si es así, averigua si ese santo ha dejado alguna obra escrita o artística. Cualquiera de las dos puede ser usada para considerar a Jesús. O pregúntale a un amigo acerca de los santos cuyos escritos lo ayudaron. Las biografías de las vidas de santos y héroes cristianos también pueden ser una lectura inspiradora.

La lectura espiritual es muy parecida a la meditación de las Sagradas Escrituras. Si leemos rápido y no tenemos en cuenta lo que hemos leído, nada se pega. Si leemos lentamente y damos tiempo para pensar en lo que leído, entonces lo absorbemos. Dios se comunica con nosotros a través de la lectura considerada.

La lectura de las Sagradas Escrituras con meditación tiene prioridad sobre la lectura espiritual porque los cristianos siempre han enseñado que las Sagradas Escrituras son el medio privilegiado por el cual Dios obra en nuestros corazones y mentes. Es por eso que los cristianos alientan la lectura diaria de las Sagradas Escrituras por encima de cualquier otra lectura espiritual. Los santos y maestros espirituales nos iluminan e inspiran para la lectura de las Sagradas Escrituras.

The Evangelical Catholic recomienda leer y meditar las Sagradas Escrituras por la mañana, cuando estás fresco, o durante un descanso en tu día. Puedes guardar la lectura espiritual para más tarde, ya sea por la noche o a la hora de acostarte.

Escritos de los santos y los maestros espirituales

Algunos clásicos que han ayudado a aquellos que buscan conocer a Cristo:

Camino de Perfección de Teresa de Ávila. Este es el mejor libro para comenzar cuando se lee a Santa Teresa. Doctora de la Iglesia, Santa Teresa es amada por muchos por sus escritos sobre la oración y la vida espiritual. Este libro es corto y sencillo. El lenguaje directo y el estilo folclórico de Santa Teresa lo convierten en una lectura particularmente atractiva.

Autobiografía de Teresa de Ávila, también llamado *Libro de la vida.* Es más largo que el *Camino de Perfección* e incluye la famosa metáfora de Santa Teresa sobre la oración como un jardín. Lee esto cuando estés listo para un tiempo prolongado con Santa Teresa.

Historia de un alma, también llamada *La autobiografía de Santa Teresa de Lisieux.* En las encuestas sobre los santos favoritos, Santa Teresa encabeza constantemente la lista. Ella habla en sus memorias con una voz honesta y espontánea, casi como la voz de un niño. Murió como monja carmelita de clausura a los veinticuatro años, pero a pesar de su corta edad, pronto fue reconocida como una gigante espiritual. Santa Teresa es conocida por su "pequeño camino" de amor humilde. Para los lectores primerizos, su pequeño camino puede parecer simple o inocente. Pero una vez que lo intentas, aprendes que amar con sacrificio, como Jesús, realmente requiere que pierdas tu vida para salvarla.

Introducción a la vida devota de San Francisco de Sales. Esta es una gran lectura para principiantes porque brinda directivas de cómo vivir como seguidores de Jesús. Cada capítulo es corto y accesible y puede ser leído empleando diez a quince minutos. Leer uno cada día te dará mucho material espiritual real para analizar.

Pensamientos de Blaise Pascal. Esta obra clásica ha influido en innumerables cristianos. Pascal fue un matemático del siglo XVII. Los *pensées*, o "pensamientos", son fragmentos dispersos de sus reflexiones teológicas y filosóficas después de su conversión al Cristianismo.

Nuevas semillas de contemplación y *Ningún hombre es una isla* de Thomas Merton. Merton es ampliamente considerado uno de los más grandes escritores espirituales del siglo XX. Su prosa compartimentada proporciona "fragmentos" de lecturas rápidas y sofisticadas capaces de llevarte a pensamientos profundos sobre Dios. El lenguaje de sus últimas obras es más accesible que el de sus primeras obras.

Confesiones de San Agustín. Este clásico muy apreciado detalla la búsqueda de Agustín de Hipona sobre Dios. La inmediatez de su lucha por creer es evidente y algo con lo que toda persona, incluso hoy, puede identificarse. La historia de conversión de Agustín termina con el Libro 9. Los capítulos posteriores están escritos como una larga digresión sobre el tiempo y la memoria. Esto es algo enriquecedor, pero no es para todos los lectores.

Imitación de Cristo de Thomas de Kempis. Aparte de la Biblia, ningún libro ha sido traducido a más idiomas que este clásico. Fue uno de los favoritos de Teresa de Ávila, Tomás Moro, Ignacio de Loyola (fundador de los Jesuitas), Teresa de Lisieux e innumerables santos y cristianos de otras denominaciones, incluidos John Wesley y John Newton, fundadores del movimiento metodista. El libro se ha mantenido popular debido a sus profundas ideas sobre la naturaleza humana y la lucha por vivir una vida santa.

Autobiografía de San Ignacio de Loyola. Esta breve descripción de la famosa conversión de San Ignacio de un soldado mujeriego a un mendicante cristiano, o mendigo, es tanto un clásico como una lectura fácil. La historia incluye las observaciones de Ignacio sobre su vida interior mientras convalecía de graves heridas de guerra. Estos se convierten no solo en la causa inmediata de su conversión, sino también en la base para su pensamiento sobre el discernimiento de los espíritus en sus *Ejercicios Espirituales*.

La larga soledad de Dorothy Day. Day era una joven comunista mundana en el apogeo de los movimientos sociales de principios del siglo XX. Ella vivió en la ciudad de Nueva York como muchas mujeres jóvenes viven hoy: tomando amantes, teniendo un aborto y promoviendo una salvación secular a través del cambio político. Después de su conversión al Catolicismo, Day fundó el movimiento obrero católico, que todavía existe hoy en día, para ofrecer hospitalidad en Cristo a los pobres y necesitados. Escrita de forma sencilla y muy conmovedora, la historia de Day es una de las grandes historias de conversión del siglo pasado.

Apéndice

A medida que nos acercamos al Señor, comenzamos a darnos cuenta de que Él quiere hablarnos. Aquí hay algunas pautas para ayudarte a medida que aprendes a escuchar a Dios en oración.

Comienza por sacar de tu mente las cosas que necesitas y quieres, tus penas, frustraciones y preguntas. Habla con Dios con tus propias palabras acerca de cualquier cosa en tu mente o corazón. Jesús nos dice que hagamos esto (Lucas 11, 9-13). Si no compartimos nuestras cargas con Dios, siguen "interrumpiéndonos" cuando queremos estar callados para escuchar.

Después de haber compartido lo que hay en tu corazón, dile a Jesús que pones el resto de tu tiempo a su disposición. Pídele que haga con él lo que le plazca.

Reza una oración sencilla desde tu corazón como esta: "Jesús, quiero escucharte, oírte y seguirte. Bendice este tiempo".

Las técnicas de oración pueden ser útiles, pero al final, tu tiempo con Dios se trata de tu relación con Él. A veces, necesitamos trabajar para convertirnos en mejores oyentes con nuestros amigos y familiares. Especialmente en los primeros días para construir una relación, escuchamos mucho para aprender más sobre nuestro nuevo amigo. ¿Qué es importante para él o ella? ¿Se ríe fácilmente o prefiere una conversación más seria? ¿Cuáles son sus intereses? ¿Qué lo(la) hace feliz, enojado(a), triste, preocupado(a) o frustrado(a)?

Aprendemos mucho de este tipo de información acerca de Dios al leer las Sagradas Escrituras, especialmente a través de Jesús en el Nuevo Testamento. Cuando nos acercamos a las Sagradas Escrituras en oración, Dios nos muestra su carácter, lo que valora y cómo vivir una vida piadosa.

El Espíritu Santo dentro de nosotros permite la conexión íntima con Dios. Incluso si no sabemos casi nada acerca de las Sagradas Escrituras, podemos conversar con Dios. Pero aprender acerca de la palabra y permitir que Dios nos hable a través de ella debe ser el punto de partida de cada cristiano para escuchar al Señor.

Algunas personas se sienten frustradas porque quieren instrucciones específicas de Dios sobre qué hacer. Muy a menudo, sin embargo, Dios no nos da tales instrucciones. Él quiere formar nuestros corazones para que podamos tomar nuestras propias decisiones. Dios honra la libertad que nos ha dado: quiere que elijamos nuestros propios caminos, pero quiere que elijamos en su luz y en su amor. Así es como nos volvemos fieles a nosotros mismos, la persona que Él quiso que seamos cuando nos creó en el seno de nuestra madre (Cf. Salmo 139, 13).

Si Dios no parece estar respondiendo, trata de hablar con Dios acerca de tus temas favoritos. Pregúntale si hay alguien en tu vida a quien le gustaría bendecir de alguna manera. Si no sabes cómo bendecir a esa persona, pregúntale a Dios. O pregúntale cómo mejorar una relación en tu vida. Dios muy comúnmente responde a preguntas como estas, y hace que sus respuestas sean inconfundibles.

Cuando hayas escuchado de parte de Dios, entonces haz lo que Dios te diga. Cuanto más obedezcas, más escucharás a Dios hablándote la próxima vez. Serás un discípulo en quien puede confiar para llevar su amor y su misericordia al mundo.

Algunos métodos de oración para escuchar

Encuentra un lugar tranquilo donde puedas sentarte sin interrupciones durante 15 a 20 minutos. Trata de sentarte en una silla cómoda para que no te distraigas físicamente. Puedes arrodillarte si lo deseas, aunque puede resultarte difícil estar en esa posición todo el tiempo. Escuchar en oración no suele ser una práctica ascética, aunque ocasionalmente puedes sentirte llamado a arrodillarte o tumbarte postrado en el suelo, especialmente durante la Cuaresma o en otros momentos de penitencia.

Todas las cosas que te ayudaron a escuchar en la escuela te ayudarán a atender a Dios. Siéntate derecho con ambos pies en el suelo. No te encorves ni te acuestes.

Luego respira profundamente para despejar tu mente. La palabra hebrea para "espíritu" en las Sagradas Escrituras es *ruah*, que significa aliento o viento. Inhala y exhala, sabiendo que el Espíritu Santo —aliento santo— está contigo, dándote vida.

Aquieta tu mente tanto como sea posible y mira en la oscuridad de tus ojos cerrados. A algunas personas les resulta útil concentrarse en el interior de sus párpados o hacia la frente. Otros visualizan el Sagrado Corazón de Jesús y, luego, imaginan moverse en su corazón.

Otro método es imaginar que tu cerebro tiene capas como una cebolla, con una capa superficial, siempre ocupada pensando, preocupándote, fantaseando, planeando, recordando, y una parte más profunda, más y más oscura. Visualiza cómo te mueves hacia esa parte más profunda y oscura. Trata de descansar en silencio en Dios.

Hazle tus preguntas a Dios, comparte tus preocupaciones y luego descansa en silencio en el Señor. Cuando te encuentres pensando en otras cosas, lo cual harás, porque así es como funciona la mente humana, simplemente vuelve tus pensamientos a Dios y concéntrate en Jesús. Puede que no sientas su presencia, pero cree lo que ha prometido: "Y yo estaré siempre con ustedes hasta el fin del mundo" (Cf. Mateo 28, 20). Por fe, debes creer que Él está contigo, porque Él está ("...la fe es la garantía de los bienes que se esperan, la plena certeza de las realidades que no se ven" [Hebreos 11, 1]). Cuando te des cuenta de que estás pensando en algo, de forma gentil, sin reprenderte, regresa a cualquier visualización u oración que estuvieras usando para calmar tu mente.

Nunca te condenes a ti mismo porque experimentas distracciones. En su obra maestra sobre la oración, *Castillo Interior*, Santa Teresa de Ávila dijo que hizo un descubrimiento maravilloso: Dios estaba obrando en ella, ya sea que ella pensara en otra cosa durante la oración o no[1]. Tan grande es nuestro Dios. Ten fe en que Dios quiere intimidad contigo, y buscará el espacio dentro de ti en el que morará su Espíritu Santo, solo porque estás *intentando* rezar. Si solo lo intentas, el fracaso es imposible.

Algunas personas encuentran el sentarse demasiado sofocante aún. Si te sientes así, da un paseo por un entorno agradable como un parque o el bosque. Las concurridas calles de la ciudad generalmente no funcionan, hay demasiado bullicio y distracción. Jesús dijo que fueras a tu "habitación" (Mateo 6, 6) o "en lo secreto" para rezar. Esto podría interpretarse de forma metafórica. Si puedes enfocar tu mente mientras caminas, ese puede ser tu lugar secreto. Si no puedes concentrarte, toma lo que dice Jesús literalmente: ve a tu habitación y cierra la puerta.

(A los extrovertidos extremos o aquellos que sufren trastornos por déficit de atención: caminar probablemente no sea el método para ti. Debido a la estimulación visual y las distracciones, probablemente tendrías dificultades para mantener tu atención en Dios).

Ya sea que te sientes o camines, al comenzar, sé claro en tus pensamientos de que le estás dando este tiempo a Dios. Una caminata no puede ser una caminata ordinaria y ser una oración. No podemos sentarnos en nuestras habitaciones soñando despiertos todo el tiempo sin hacer un esfuerzo para rezar.

A algunas personas les resulta útil visualizar a Cristo a su lado. Si estás caminando, podrías imaginar a Jesús como si estuviera caminando contigo. Algunos visualizan el Espíritu Santo flotando en torno a ellos. Crea tu propia visualización o no uses una si no es útil.

Ya sea sentado o caminando, permite que haya momentos en que estés callado en lugar de hablando con Dios. A veces, Dios responde a través del Espíritu Santo de inmediato. Otras veces, después de nuestro tiempo de oración, una respuesta, una idea o una dirección en forma de pensamiento vendrá muy claramente a tu mente. Ese es Dios hablándote.

Las personas que se sienten agobiadas de mentes aceleradas, distraídas o desenfocadas a menudo escriben en un diario sus conversaciones con Dios. Esto hace posible más concentración y menos distracción en comparación a casi cualquier otro método de oración. Una vez que hayas establecido una predisposición para la reflexión, escribe tus preocupaciones y preguntas a Dios. La escritura puede ayudarte a moverte a un lugar tranquilo en el que Dios puede guiarte por escrito, e incluso escribir sus respuestas a ti. Muchas personas que rezan utilizando un diario dicen que son capaces de comenzar a distinguir muy rápidamente lo que viene de ellos por escrito y lo que viene de Dios en unas pocas semanas.

Al final del tiempo que has asignado para la oración, siempre agradece a Dios por las formas en que ha trabajado en ti. Pídele que apoye cualquier resolución que hayas tomado. Finaliza rezando el Padre Nuestro.

Apéndice D

El perdón es una respuesta de misericordia y amor a una injusticia. Si no perdonamos, la falta de perdón se agrava.

El filósofo católico Dietrich von Hildebrand clasificó el resentimiento junto con el odio como un estado interno "venenoso"[1]. Para limpiar el veneno del resentimiento, primero examina tu conciencia para ver si las cosas que te molestan son importantes o sin importancia.

Si te ofendes fácilmente y por asuntos pequeños, es posible que descubras que el problema no es con aquellos que crees que te han perjudicado, el problema es contigo. Pídele a Dios todos los días de esta semana que te ayude a cambiar tu temperamento, te haga más dócil y humilde para que seas menos sensible a los desaires. Trata de perdonar un pequeño desaire específico, y observa cómo eso afecta tu vida interior. Si tu resentimiento surge porque alguien realmente te lastima o te trata injustamente, el perdón puede liberarte del veneno interno.

Para comenzar a perdonar, necesitamos saber lo que el perdón no es; de lo contrario, estaremos buscando lo que no se puede encontrar. El perdón no es olvidar, negar, condonar o excusar la injusticia. No es condenar al ofensor ni implica un sentido de superioridad moral sobre el que te ofendió. Es un acto de misericordia que es diferente a buscar justicia, pero los dos no son mutuamente excluyentes.

Idealmente, practicamos las virtudes del perdón y la justicia de forma simultánea. Por ejemplo, si alguien dañó intencionalmente tu propiedad, puedes perdonar a esa persona y pedir una compensación. Las virtudes no están destinadas a ser practicadas de forma aislada.

Sin embargo, la incapacidad de obtener justicia al mismo tiempo no justifica el resentimiento u otras formas de falta de perdón y tampoco las hace menos venenosas. El resentimiento sigue siendo veneno espiritual y la falta de perdón nos ata sin importar si se puede tener justicia o no.

La reconciliación y la curación de los vínculos es uno de los objetivos del perdón, pero el perdón no es lo mismo que la reconciliación. Si no es posible o seguro reconciliarse con la persona que te ha lastimado, aún puedes perdonar sin lograr la reconciliación.

El siguiente ejercicio fue adaptado de la serie de conferencias de cinco partes del Dr. Robert D. Enright, *Healing Through Forgiveness: Making Our Way to Good Friday and Easter Resurrection* (Sanación a través del perdón: Haciendo nuestro camino hacia el Viernes Santo y la Pascua de Resurrección). También es posible que desees leer su libro *Forgiveness Is a Choice* (El perdón es una elección)[2]. Otro excelente recurso es *Blessing Your Enemies, Forgiving Your Friends: A Scriptural Journey into Personal Peace* (Bendecir a tus enemigos, perdonar a tus amigos: Un viaje bíblico hacia la paz personal) de Kristen Johnson Ingram[3].

Puede tomarte una semana, un mes, un año o incluso más tiempo trabajar a través del proceso de perdón. Tómate tu tiempo y registra tu progreso en un diario.

Cristo podría sanarte completamente a través de este ejercicio espiritual o es posible que necesites más ayuda. Muchos libros y guías espirituales enseñan diferentes maneras de trabajar a través del proceso del perdón. Encuentra uno que te ayude.

Preliminares: Unidad con Jesús

El perdón es un encuentro íntimo con Jesucristo en su Pasión y Resurrección. Es doloroso perdonar a alguien que te ha lastimado y amar a esa persona de todos modos cuando no parece merecerlo. Sin embargo, el proceso es liberador y sanador. Cuando perdonamos, caminamos por el camino de la Cruz y caminamos hacia la Resurrección.

El proceso implica sufrimiento, pero no estamos solos. Jesús ha pasado por todo esto antes. Él sabe cómo navegar a través del dolor. Sin un vínculo cercano con Jesús, no serás capaz de perdonar hasta la profundidad que solo Él lo hace posible. Jesús dijo: "...porque separados de mí, nada pueden hacer" (Juan 15, 5). Sus palabras se aplican a todas las cosas, incluyendo el perdón.

Reza por la unidad con Jesús antes de comenzar este proceso de perdón y, también, a lo largo de tus esfuerzos. Pídele a Jesús que entre en tu corazón, que habite allí y que encienda dentro de ti el fuego de su amor. Deja que Jesús te guíe en el camino hacia el perdón.

El proceso del perdón

¿Quién te lastimó? ¿En qué incidente específico te centrarás?

Elige a una persona que te lastimó injustamente y donde todavía te sientas herido. Esta persona puede haberte lastimado varias veces, pero por ahora concéntrate en un incidente específico que todavía oprima tu corazón. Si no está seguro de qué evento elegir, pídele a Jesús que te ayude.

¿Cuáles eran las circunstancias específicas en ese momento? ¿Qué tan profundamente te lastimaron?

Recuerda los detalles del incidente. ¿Fue por la mañana o por la tarde? ¿Nublado o soleado? ¿Qué se dijo? ¿Cómo respondiste en ese momento? ¿Cómo respondiste a través del tiempo hasta el presente? ¿Qué parte del incidente fue lo que más te atravesó tu corazón? ¿Puedes describir y nombrar tu herida? ¿Sentiste vergüenza, humillación o traición? ¿Qué tan profunda es tu herida? Califica tu dolor en una escala del uno al diez, diez son dolores que apenas te permiten funcionar. No te avergüences del nivel de tu dolor. No merecías la injusticia, y tienes derecho a estar molesto por ello.

Fase 1: Descubrir tu enojo y tu sufrimiento

A menudo, encubrimos nuestra ira o sufrimiento para no tener que lidiar con ellos. Sin embargo, si no enfrentamos el dolor, no sanaremos. Trata de pensar en todas las diferentes formas en que la ofensa te ha causado sufrimiento. Probablemente, muchas capas de dolor necesitan ser descubiertas y examinadas, y cada capa es otro nivel de sufrimiento por la ofensa que no merecías.

Las siguientes preguntas te ayudarán a reflexionar sobre las capas de dolor que la injusticia te ha dejado. Pídele al Espíritu Santo que te ayude a entender el nivel de ira que tienes por la ofensa.

- ¿Enfrentaste tu ira o sufrimiento?
- ¿Tienes miedo de exponer tu vergüenza o culpa?
- ¿Utilizaste distracciones para evitar lidiar con tu ira o sufrimiento?
- ¿Tu enojo afectó tu salud?
- ¿Perdiste energía?
- ¿Estás obsesionado con la ofensa o el agresor?
- ¿Comparas tu situación con la del agresor?
- ¿La ofensa causó un cambio en tu vida?
- ¿La ofensa distorsionó tu forma de vida?
- ¿La ofensa formó o cambió tu visión del mundo?

Fase 2: Decidir perdonar

No tienes que tener ganas de perdonar para comenzar a perdonar. Simplemente, puedes decidir comenzar. Debes estar dispuesto a continuar el proceso y comprometerte a trabajar en él.

Una de las motivaciones más fuertes para comenzar a perdonar es todo el dolor que te causa negarse a perdonar y toda la energía que requiere estar pensando en la ofensa. El perdón no se trata solo de ti, pero tu motivación inicialmente podría ser que el fracaso en perdonar te causa sufrimiento.

Fase 3: Trabajar el perdón

Trabaja hacia la comprensión.

Después de que tengas muy claro la ofensa que sufriste, cómo afectó tu vida y tomes la decisión de que quieres perdonar, el siguiente paso es trabajar para comprender a la persona que te lastimó. Trata de entenderlos como seres humanos.

- ¿Cuáles fueron las circunstancias de tu vida antes de que te ofendieran?
- ¿Cómo crecieron?
- ¿Cómo es tu vida ahora?

Trabaja hacia la compasión.

A medida que obtengas una mayor comprensión de la persona que te ofendió y las circunstancias de su vida, trabaja en preocuparte por esa persona. Es probable que ellos también estén ofendidos. Cuidar se sentirá desafiante porque parece que no se preocupan o no se preocuparon por ti. Comprender su herida puede ablandar tu corazón.

Imagínate a ti y a la persona que te ofendió, ambos al pie de la Cruz, ambos necesitados de Redención. Trata de verlos como un hijo de Dios, merecedor de la misericordia de Dios, tal como eres tú. Jesús murió por los dos.

Si tu corazón comienza a ablandarse por esa persona, estás sintiendo compasión. Pídele al Espíritu Santo que cultive ese sentimiento y guárdalo en tu corazón.

Al reflexionar sobre estas cosas, no le restes importancia a la ofensa. Lo que la persona te hizo estuvo mal, *y aun así,* es un hijo amado de Dios, tal como tú lo eres, aunque a veces tú también ofendes. En términos de justicia, esa persona no merece amabilidad de tu parte. De acuerdo con la misericordia de Dios, merece bondad, respeto y amor.

Acepta el dolor.

A continuación, acepta el dolor que sientes como resultado de la injusticia. Cuando ignoramos el dolor, tendemos a desplazarlo hacia los demás de varias maneras. Si soportas el dolor, evitarás propagar el dolor.

Mientras tratas de soportar tu dolor, une tu dolor con el de Jesús en la Cruz. Jesús también está herido y Él comparte tu herida. Une tu herida con las heridas de Cristo. Trata de mirar a la persona que te lastimó con amor desde la Cruz. Crucificado con Cristo, estás empezando a amar como Él ama.

Brinda un presente al delincuente.

Dale un presente al que te ofendió. Recuerda: "...la prueba de que Dios nos ama es que Cristo murió por nosotros cuando todavía éramos pecadores" (Romanos 5, 8). A Él no le importaba que estuviéramos, y estemos, inclinados al pecado.

¿Qué tipo de presente puedes darle al que te ofendió? Tal vez, no sea sabio o posible restablecer la relación. Pero si lo es, y si no has hablado con la persona por un tiempo, una tarjeta o una llamada podrían funcionar. Tal vez, el presente que podrías darle a la persona es algo tan simple como una sonrisa o decir una oración por ellos. Si el que te ofendió falleció, es posible que se le dedique una Misa a la persona o que hables de la persona positivamente.

Puede hacer que otra ofensa llegue a quien te lastimó, pero con Cristo estás tocando el corazón herido de esa persona y convirtiéndote en un conducto de curación para ellos.

Fase 4: Descubrimiento y liberación de la prisión emocional

Caminar por el camino del perdón es caminar por el camino de la Cruz con Cristo. Es un camino hacia una montaña que soporta la ofensa y el insulto, llevando la pesada Cruz que presiona sobre las dolorosas heridas abiertas.

Cristo, sin duda, quería que su propio camino de la Cruz fuera más corto y rápido de lo que fue. El perdón lleva tiempo. Damos unos pasos hacia adelante, nuestra Cruz parece más ligera, y luego, inesperadamente, el peso regresa, tan pesado y doloroso como siempre.

Pero, con el tiempo, podemos ver que estamos progresando. Pensamos en la ofensa con menos frecuencia; tenemos más esperanza, más paz. Poco a poco la ofensa pierde su poder sobre nosotros.

Hablar con un sacerdote, un ministro pastoral o un amigo cristiano de confianza puede ser significativamente útil mientras caminas por el camino de Jesús. El apóstol Juan, su madre, María, y varias discípulas se pararon al pie de la Cruz durante la crucifixión de Jesús. Probablemente, caminaron todo el doloroso camino hasta el Calvario.

Si no sabes a quién pedirle que camine contigo a través de este difícil viaje, pídele a Jesús que te lo diga o que traiga a tu vida alguien que pueda ayudarte.

"Esta es la libertad que nos ha dado Cristo" (Cf. Gálatas 5, 1). El camino del perdón no termina en el Calvario. La sanación que proviene del perdón nos da un anticipo de la plena libertad que la gloria de la resurrección hace posible y que algún día será tuya.

[1] "El rencor [...] y experiencias similares de resentimiento probablemente siempre [...] dañarán la libertad del alma... Para permanecer en la actitud suave, gentil y abierta de bondad amorosa, debemos, sobre todo, elevar constantemente nuestros ojos al rostro del divino Salvador... De hecho, debemos tratar de vivir en esa luz de manera tan permanente que nuestra primera conciencia de una injusticia o de una leve injusticia que se nos ha infligido ya esté impregnada del espíritu de mansedumbre y libre de cualquier rastro del veneno del resentimiento". Traducido de Dietrich von Hildenbrand, *Transformation in Christ: On Christian Attitude (Transformación en Cristo: Sobre la actitud cristiana)* San Francisco: Ignatius Press, 2001, págs. 281, 415-416.

[2] Dr. Robert D. Enright, *Forgiveness Is a Choice: A Step-by-Step Process for Resolving Anger and Restoring Hope (El perdón es una elección: Un proceso paso a paso para resolver el enojo y restaurar la esperanza),* Washington, DC: Asociación Americana de Psicología, 2001.

[3] Kristen Johnson Ingram, *Blessing Your Enemies, Forgiving Your Friends: A Scriptural Journey into Personal Peace (Bendecir a tus enemigos, perdonar a tus amigos: Un viaje bíblico hacia la paz personal)* St. Louis, MO: Liguori Publications, 1993.

Apéndice

Si ha pasado mucho tiempo desde la última vez que fuiste a confesarte, o si nunca lo hiciste, es posible que estés dudoso o inseguro. No dejes que estos sentimientos muy comunes se interpongan en tu camino. Reconciliarse con Dios y con la Iglesia siempre trae gran alegría. Da el paso inicial, te alegrarás de haberlo hecho.

Si te ayudará a aliviar tus temores, familiarízate con la descripción paso a paso del proceso a continuación. La mayoría de los sacerdotes están felices de ayudar a cualquiera que esté dispuesto a aceptar el desafío. Si olvidas de algo, el sacerdote te lo recordará. Así que no te preocupes por comprometer cada paso y palabra a la memoria. Recuerda: Jesús no te está poniendo a prueba, solo quiere que experimentes la gracia de su misericordia.

Los católicos creemos que el sacerdote actúa *in persona Christi*, "en la persona de Cristo". La belleza de los sacramentos es que nos tocan tanto física como espiritualmente. A nivel físico en la Confesión, escuchamos las palabras de absolución a través de la persona del sacerdote. A nivel espiritual, sabemos que es Cristo asegurándonos que realmente nos ha perdonado. Estamos absueltos.

Por lo general, tienes la opción de confesarte de forma anónima, en una cabina confesional o en una habitación con una pantalla, o cara a cara con el sacerdote. Cualquiera que sea tu preferencia estará bien para con el sacerdote.

The Evangelical Catholic tiene una guía para la reconciliación como parte de nuestros recursos de discipulado, Nextstep. Visita ecnextstep.com/courses/bereconciled para obtener videos y descargas gratuitas que te ayudarán a prepararte para recibir el sacramento.

Pasos a seguir en el Sacramento de la Reconciliación:

1. Preparación
   Antes de confesarte, reflexiona en oración sobre tu vida desde tu última confesión. Realiza un examen de conciencia y toma algunas notas. Encuentra exámenes de conciencia en Nextstep (www.ecnextstep.com/courses/bereconciled).

2. Saludos y señal de la cruz
   El sacerdote te dará la bienvenida y juntos harán la señal de la cruz. Puedes comenzar diciendo: "Bendíceme, Padre, porque he pecado. Han pasado [mencionar semanas, meses o años] desde mi última Confesión".

3. Confesión
   Confiesa todos tus pecados al sacerdote. Sé lo más específico y directo posible. Cuando hayas terminado, concluye con estas o palabras similares: "Pido perdón por estos y todos mis pecados".

4. Penitencia
   El sacerdote propondrá un acto de penitencia. También podría aconsejarte sobre cómo crecer en la vida cristiana.

5. Acto de contrición
   Después de que el sacerdote te haya dado tu penitencia, reza un acto de contrición: Pésame, Dios mío, me arrepiento de todo corazón de haberte ofendido. Pésame por el infierno que merecí y por el Cielo que perdí, pero mucho más me pesa porque pecando ofendí a un Dios tan bueno y tan grande como Vos. Antes querría haber muerto que haberte ofendido; y propongo firmemente no pecar más y evitar las ocasiones próximas de pecado. Amén. Nuestro Salvador Jesucristo sufrió y murió por nosotros. En su nombre, nuestro Señor, ten piedad.

6. Absolución
   El sacerdote extenderá sus manos sobre tu cabeza y dirá las palabras de absolución. Tú respondes: "Amén".

7. El sacerdote te despedirá.

8. Asegúrate de completar tu penitencia asignada inmediatamente o tan pronto como sea posible.

Según el *Catecismo de la Iglesia Católica*, un examen de conciencia es una "autorreflexión en oración sobre nuestras palabras y obras a la luz del Evangelio para determinar cómo podemos haber pecado contra Dios" (Glosario). Para ayudarte en este proceso, puedes acceder a guías en el sitio web de la Conferencia de Obispos Católicos de los Estados Unidos en usccb.org/prayer-and-worship/sacraments-and-sacramentals/penance/examinations-of-conscience o como parte del Reconciliarse de Nextstep en ecnextstep.com/courses/bereconciled.

Apéndices para facilitadores

F El papel de un facilitador

G Una guía para cada sesión de *Con Jesús a la Cruz: Año C*

H Oración guiada y "Conexión con la Cruz esta semana"

Apéndice

Tal vez, ninguna habilidad es más importante para el éxito de un grupo pequeño que la capacidad de conducir un debate con amor. Es el Espíritu Santo de Dios obrando a través de nuestro viaje espiritual personal, no necesariamente nuestro conocimiento teológico, lo que hace esto posible.

Las siguientes pautas pueden ayudar a los facilitadores a evitar algunos errores comunes de los debates en grupos pequeños. El objetivo es abrir la puerta para que el Espíritu tome la iniciativa y guíe cada una de tus respuestas porque estás en sintonía con sus movimientos.

Reza todos los días y antes de la reunión de tu grupo pequeño. Esta es la única manera en que puedes aprender a sentir los impulsos gentiles del Espíritu Santo cuando aparecen.

Eres un facilitador, no un maestro

Como facilitador, puede ser extremadamente tentador responder a todas las preguntas. Es posible que tengas excelentes respuestas y estés emocionado de compartirlas con tus hermanos y hermanas en Cristo. Sin embargo, un método más socrático, mediante el cual intentas obtener respuestas de los participantes, es mucho más fructífero para todos los demás y para ti también.

Adquiere el hábito de reflejar las preguntas o comentarios de los participantes a todo el grupo antes de ofrecer tu propia opinión. No es necesario que tú, como facilitador, entres inmediatamente en el debate u ofrezcas una respuesta magistral. Cuando otros hayan abordado suficientemente un problema, trata de ejercer moderación en tus comentarios. Simplemente, afirma lo que se ha dicho; luego agradéceles y sigue adelante.

Si no sabes la respuesta a una pregunta, haz que un participante la busque en el *Catecismo de la Iglesia Católica* y la lea en voz alta al grupo. Si no puedes encontrar una respuesta, pídele a alguien que investigue la pregunta para la próxima sesión. Nunca te sientas avergonzado de decir: "No lo sé". Simplemente, reconoce la calidad de la pregunta y ofrécete a volver a hablar con esa persona después de haber investigado un poco. Recuerda, tú eres un facilitador, no un maestro.

Afirmar y animar

Es más probable que repitamos un comportamiento cuando se fomenta abiertamente. Si deseas que participen y compartan de manera más activa, haz una afirmación positiva de las respuestas de los miembros del grupo. Esto es especialmente importante si las personas están compartiendo desde sus corazones. Un simple "Gracias por compartir eso" puede ser de gran ayuda para alentar a que continúe la charla en tu grupo pequeño.

Si alguien ofreció una respuesta teológicamente cuestionable, no te pongas nervioso ni combativo. Espera hasta que otros hayan ofrecido su opinión. Es muy probable que alguien brinde una respuesta más útil, que puedes afirmar diciendo algo como: "Esa es la perspectiva cristiana sobre ese tema. Gracias".

Si no se da una respuesta aceptable y conoces la respuesta, ten mucho cuidado y respeto en tus comentarios para no parecer presumido o santurrón. Podrías comenzar con algo como: "Todas esas son perspectivas interesantes. Lo que la Iglesia ha dicho acerca de esto es...".

Evita las tangentes inútiles

Nada puede descarrilar un debate lleno del Espíritu más rápidamente que divagar por tangentes innecesarias. Trata de que la sesión no se descarrile. Si la conversación se desvía del tema, pregúntate: "¿Esta es una tangente guiada por el Espíritu?".

Pregúntale también al Espíritu Santo. Si no es así, vuelve a traer al grupo haciendo una pregunta que dirija la conversación al pasaje de las Sagradas Escrituras o a una pregunta que hayan estado debatiendo. Incluso puedes sugerir amablemente: "¿Nos hemos desviado un poco del tema?". La mayoría de los participantes responderán positivamente y volverán a encarrilarse a través de tu liderazgo sensible.

Dicho esto, vale la pena seguir algunas tangentes si sientes un movimiento del Espíritu. Puede ser exactamente donde Dios quiere dirigir el debate. Descubrirás que tomar riesgos puede producir algunos resultados hermosos.

No temas el silencio

Acepta el silencio. La mayoría de las personas necesitan unos instantes para encontrar una respuesta a una pregunta. Naturalmente, las personas requieren un tiempo para formular sus pensamientos y ponerlos en palabras. Algunos pueden necesitar un momento solo para reunir el coraje para hablar.

Independientemente de la razón, no tengas miedo de un breve momento de silencio después de hacer una pregunta. Diles a todos en el grupo desde el principio que el silencio es una parte integral de un debate normal de grupos pequeños. No tienen por qué estar ansiosos o incómodos cuando sucede. Dios obra en silencio.

Esto también se aplica a los momentos de oración. Si nadie comparte o reza después de una cantidad suficiente de tiempo, simplemente sigue adelante con gracia.

El poder de la hospitalidad

La hospitalidad ayuda a crear comunidad. A todo el mundo le gusta sentirse cuidado. Esto es especialmente cierto en un grupo pequeño, cuyo propósito es conectarse con Jesucristo, un modelo de cuidado, apoyo y compasión.

Asegúrate de saludar a todos personalmente cuando lleguen por primera vez. Pregúntales cómo fue su día. Tómate un tiempo para dedicarle a la vida de los participantes de tu grupo pequeño. Presta especial atención a los recién llegados. Esfuérzate por recordar el nombre de cada persona. Ayuda a todos a sentirse cómodos y como en casa. Permite que tu grupo pequeño sea un entorno donde se formen y florezcan relaciones auténticas.

Motiva la participación
Ayuda a todos a involucrarse, en especial a aquellos que son naturalmente menos elocuentes o extrovertidos. Para fomentar la participación inicialmente, siempre invita a varios miembros del grupo a leer en voz alta las lecturas seleccionadas. Con el tiempo, incluso después de que la mayoría del grupo se sienta cómodo compartiendo, es posible que todavía tengas algunos miembros más tranquilos que rara vez ofrecen voluntariamente una respuesta a una pregunta, pero estarían encantados de leer.

¿Meteorología?
Presta atención al "Barómetro del Espíritu Santo". ¿El debate es agradable al Espíritu Santo? ¿Esta conversación está llevando a los participantes a una conexión personal más profunda con Jesucristo? Ciertamente, es importante hablar sobre los aspectos intelectuales de nuestra fe, pero la conversación a veces puede degenerar en una muestra poco edificante de intelecto y ego. Otras veces, el debate se convierte en una oportunidad para el chisme, la detracción, la queja o incluso la calumnia. Cuando esto sucede, casi puedes sentir que el Espíritu Santo se va del lugar.

Si eres consciente de que esta dinámica se apoderó de una charla, tómate un momento para rezar en silencio en tu corazón. Pídele al Espíritu Santo que te ayude a llevar la conversación a un tema más íntegro. Muchas veces, esto se puede lograr simplemente pasando a la siguiente pregunta.

Ritmo

En general, deseas regular el ritmo de la sesión para que termine en el tiempo asignado, pero a veces esto puede ser imposible sin sacrificar la calidad del debate. Si llegas al final de tu reunión y descubres que solo has cubierto la mitad del material, no te preocupes. Esto es a menudo el resultado de un animado debate lleno del Espíritu y una reflexión teológica significativa.

En tal caso, puedes tomarte un tiempo en otra reunión para cubrir el resto del material. Si solo falta una pequeña porción, puedes pedirles a los participantes que recen a través de ella por su cuenta y que acudan a la siguiente reunión con cualquier pregunta o idea que puedan tener. Incluso si debes omitir una sección para terminar a tiempo, asegúrate de dejar tiempo adecuado para la oración y para revisar la sección "Conexión con la Cruz esta semana". Esto es vital para ayudar a los participantes a integrar sus descubrimientos del grupo en su vida diaria.

El punto no es cubrir todo el material como si esto fuera una clase. En cambio, tu objetivo es la transformación en los corazones y espíritus de las personas. Si eso significa pasar más tiempo en una lectura y omitir otra, está bien.

Amistades genuinas

La mejor manera de mostrar el amor y el interés de Jesús en los miembros de tu grupo pequeño es reunirte con ellos para tomar un café, un postre o una comida fuera de tu tiempo con el grupo pequeño.

Puedes comenzar sugiriendo que todo el grupo se reúna para tomar un helado o algún otro evento social en un momento diferente al que suele reunirse tu grupo pequeño. Socializar permitirá que se desarrollen las relaciones. Brinda la oportunidad de tener diferentes tipos de conversaciones a las que permiten las sesiones de grupos pequeños. Notarás una diferencia inmediata en la calidad de la comunidad en tu grupo pequeño en la próxima reunión.

Después de ese primer encuentro social del grupo, trata de reunirte individualmente con cada persona de tu grupo pequeño. Esto permite una conversación más profunda y un intercambio personal, y te da la oportunidad de conocer mejor a cada participante para que puedas amarlos y cuidarlos como lo haría Jesús.

Jesús llamó a los doce apóstoles para que pudieran "estar con Él" (Marcos 3, 14). Cuando las personas pasan tiempo juntas, comen juntas, ríen juntas, lloran juntas y hablan sobre lo que les importa, se desarrolla una intensa comunidad cristiana. Ese es el tipo de comunidad que Jesús estaba tratando de crear y ese debe ser el tipo de comunidad que tratamos de crear, porque cambia vidas. ¡Y las vidas cambiadas cambian el mundo!

Gozo

Recuerda que buscar el rostro del Señor trae gozo. Nada es más satisfactorio, más iluminador y más hermoso que fomentar una relación profunda y duradera con Jesucristo. Abraza a tus participantes y a todo el viaje espiritual con un espíritu de alegre expectativa de lo que Dios quiere lograr.

"Les he dicho esto para que mi gozo sea el de ustedes, y ese gozo sea perfecto" (Juan 15, 11).

Apéndice Ⓖ

Las siguientes notas te ayudarán a estar mejor preparado para facilitar cada sesión. Incluyen sugerencias para ayudar a las personas a sentirse cómodas con el grupo, para tratar temas delicados, para aprender a rezar juntos en voz alta y para celebrar juntos la Resurrección. Revisa las notas de cada sesión al preparar cada semana.

Semana 1
Esperanza en el desierto

En esta primera reunión, dedica unos minutos a facilitar las presentaciones. Pide a las personas que se presenten y compartan otra cosa sobre sí mismas. Establece un límite de tiempo de uno o dos minutos para que esto no lleve demasiado tiempo.

El tono de la pregunta debe ser ligero. Por ejemplo, preguntarles sobre su parte favorita del tiempo de Cuaresma sería mejor que preguntarles por qué vinieron al grupo. La pregunta no tiene por qué ser religiosa: puede ser sobre equipos o jugadores deportivos favoritos, películas o libros favoritos y por qué, y así sucesivamente. Evita cualquier cosa profundamente personal. Tu objetivo es ayudar a las personas a sentirse cómodas antes de sumergirse en un debate más sustancial.

Como facilitador del grupo, debes guiar la oración inicial para establecer un tono de devoción. En reuniones futuras, podrías pedirle a un miembro del grupo que guíe la oración.

La oración inicial le pide al líder que haga una pausa. Como esta es la primera reunión, no podrás hacer una pausa muy larga sin causar molestias, pero intenta tener al menos treinta segundos de silencio.

Cuando repasen el ejercicio "Conexión con la Cruz esta semana" en grupo, anima especialmente a los miembros a memorizar uno de los versículos de las Sagradas Escrituras durante la próxima semana. Puede ser útil hablar sobre qué obstáculos podrían impedirles memorizar un pasaje corto. Después, sin objetar las preocupaciones de las personas, puedes exhortar al grupo a hacer un esfuerzo por rezar unos por otros para poder memorizar un versículo de las Sagradas Escrituras. Sería ideal si pudieras dar testimonio del poder de esta disciplina espiritual en tu propia vida.

Semana 2
Escuchar a Dios

Después de la oración inicial, tal vez desees preguntarles a los participantes acerca de su experiencia de memorizar las Sagradas Escrituras durante la última semana. Ten cuidado de no hacer que los miembros del grupo se sientan culpables si no lo hicieron. Para animar a las personas, dales la oportunidad de compartir sus dificultades, así como las recompensas espirituales que puedan haber experimentado.

El Evangelio de esta semana describe la Transfiguración, cuando Pedro, Santiago y Juan vieron a Moisés y Elías con Jesús glorificado en la cima de la montaña.

Aunque no hay preguntas sobre el pasaje de las Sagradas Escrituras relacionadas con esto, puede resultarte útil saber que tradicionalmente la Iglesia ha interpretado esta historia como una "teofanía", una revelación de Dios. La presencia de Moisés y Elías muestra el vínculo de Jesús tanto con la ley, dada en el Monte Sinaí a Moisés, como con los profetas, a través de los cuales Dios habló en épocas pasadas.

Cuando llegues a la sección "Conexión con la Cruz esta semana", probablemente no tendrás tiempo para revisar todas las instrucciones del día a día en "Contenido para escuchar las conversaciones con Dios". Simplemente, revisa la sección introductoria y anima a los participantes a probar al menos algunos de los ejercicios para que el grupo pueda hablar sobre sus experiencias juntos la próxima semana.

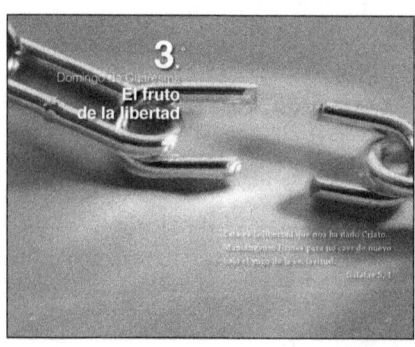

Semana 3
El fruto de la libertad

A esta altura, el grupo podría estar lo suficientemente cómodo como para que le pidas a otra persona que guíe la oración inicial. Si haces esto, pídele a alguien con anticipación para que tenga tiempo de prepararse. Puedes comenzar a preparar a los futuros líderes compartiendo la responsabilidad.

Después de la oración inicial, pregúntales a las personas cómo experimentaron los ejercicios para escuchar a Dios. Esto podría iniciar una larga charla llena de emoción o desánimo. Alégrate con aquellos que sintieron que escucharon a Dios, y anima a quienes no lo hicieron diciendo algo como esto: "Dios tiene sus propias formas de comunicarse con cada uno de nosotros. A veces, sucede rápidamente; a veces, lentamente. Dios siempre hace lo que es mejor para cada uno de nosotros. Sigue insistiendo en la oración para que puedas encontrar la forma en que Dios se comunica contigo".

La primera pregunta sobre la lectura del Éxodo está destinada a obtener un resumen general para fundamentar la conversación en la historia de la Salvación. Algunas personas pueden no tener noción de la situación. No es necesario buscar una explicación elaborada. Algo como esto estaría bien: "Los israelitas fueron esclavizados en Egipto. Fueron allí cuando había una hambruna en su propia tierra. Más tarde, el faraón los esclavizó". Si la gente no parece conocer esta historia, deberías contarla.

La oración final es corta para que tengas tiempo de guiar al grupo en la oración espontánea primero. Una oración escrita nunca puede resumir las formas en que Dios movió su conversación y sus corazones durante la reunión, ni expresar sus esperanzas y temores. Consulta el Apéndice H para obtener ideas sobre cómo ayudar a las personas a sentirse cómodas hablando juntas con Dios en voz alta con sus propias palabras.

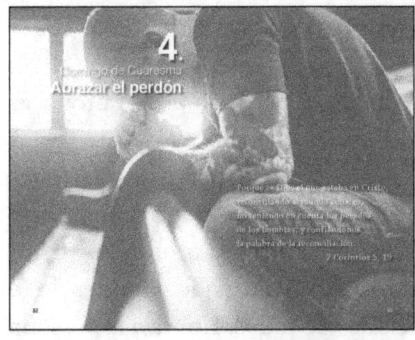

Semana 4
Abrazar el perdón

Las lecturas y el debate de esta semana tocan un territorio emocionalmente tierno: heridas y agravios que hemos sufrido, heridas y agravios que hemos infligido a otros. Deberás manejar todas las preguntas con mucho cuidado y permitir más tiempo y espacio para que las personas respondan.

Una manera de formular preguntas gradualmente es comenzar con una frase que hemos agregado a muchas de las preguntas de esta sesión.

- "¿Alguien se sentiría cómodo compartiendo sobre…?"

- "Sin presión si no se sienten cómodos, pero ¿alguien podría hablar en términos generales sobre un momento en que alguien los ofendió y su respuesta…"?

Luego, permite bastante tiempo de silencio. Los participantes necesitan ese tiempo para ordenar sus pensamientos y encontrar una manera de describir su situación sin revelar más de lo que se sienten cómodos compartiendo. Al hacer cada pregunta delicada, reza para que el Espíritu Santo impulse a los miembros del grupo a compartir sus experiencias y los ayude a encontrar la manera correcta de hacerlo.

Si los miembros del grupo no se abren, no puedes ni debes intentar forzarlo. A veces, si tú compartes una experiencia personal, ayudas a los demás a sentirse más cómodos compartiendo la suya. Prepara algo con anticipación sobre un momento en que alguien te hizo sufrir y tuviste que perdonar. Exprésalo de una manera que sea cómoda para ti. Esto demostrará cómo hablar en términos generales en lugar de ser demasiado específico sobre los detalles.

A veces, las conversaciones sobre el perdón pueden provocar lágrimas u otras expresiones de tristeza. También, pueden despertar viejos enojos. Cuando esto sucede, demuestra que los miembros del grupo ya lograron una confianza mutua. No te apresures a ir más allá de la aparición de estos sentimientos profundos. Unos segundos de silencio permiten tiempo para que el poder de lo que se dijo penetre en los corazones de todos. Honra a la persona agradeciéndole por compartir esta carga de su corazón. Pregúntale a la persona si el grupo podría rezar por ellos en ese momento.

Puede ser poderosamente reconfortante cuando los miembros del grupo ponen las manos sobre los hombros o los brazos de la persona mientras rezan.

Haz una transición completa de cualquier emoción que necesite atención antes de revisar la "Conexión con la Cruz esta semana", que sugiere que los participantes busquen el Sacramento de la Reconciliación durante la próxima semana. Esto es importante porque no quieres que las personas sientan que estás sugiriendo que la forma de abordar los agravios que se hicieron contra ellos es confesar las heridas que les causaron a otros.

"El que vive en Cristo es una nueva criatura" (2 Corintios 5, 17). Esta frase de la segunda lectura, una de las más famosas de San Pablo, puede ayudarte a ocuparte de las emociones difíciles que pueden surgir en tu conversación. Después de un tiempo de charla y posiblemente una oración por alguien, podrías hablar sobre cómo el perdón nos ayuda a convertirnos en las "nuevas criaturas" que San Pablo dice que somos en lugar de estar encarcelados en nuestras heridas y quebrantamiento. Luego, indica al grupo que mire el Apéndice D. Explica que ofrece ayuda para aquellos que están listos para trabajar el perdonar a alguien. Esto puede ayudar a crear una transición limpia para revisar la sugerencia sobre la Confesión en "Conexión con la Cruz esta semana".

Al revisarla, muéstrales que el Apéndice E brinda orientación para el Sacramento de la Reconciliación.

Cualquier testimonio personal que puedas dar del poder de este sacramento en tu propia vida puede ayudar a inspirar a aquellos que se sienten tímidos o temerosos de contar sus pecados a un sacerdote. Desafortunadamente, muchos católicos rara vez o nunca participan de este sacramento.

Semana 5
Sigue adelante hacia la meta

Como la confesión puede ser un asunto muy privado, quizás quieras omitir preguntar sobre la experiencia en la última semana con "Conexión con la Cruz". Por otro lado, el sacramento puede ser tan poderosamente sanador que alguien podría tener un hermoso testimonio para compartir. Podrías hacer una pregunta menos específica como: "¿Alguien experimentó algún fruto espiritual/riqueza/victoria en la última semana que le gustaría compartir?".

Durante el debate de Filipenses, la pregunta 6 dice si alguien estaría dispuesto a compartir acerca de un pecado que han luchado por dejar atrás. De nuevo, este es un territorio delicado. Antes de la reunión, prepara algo propio para compartir que hable sobre tu lucha de una manera general, sin necesariamente nombrar el pecado. Esto les demostrará a los demás que es posible hablar de nuestras batallas espirituales en el grupo sin divulgar detalles personales.

Cuando revisen la sección "Conexión con la Cruz esta semana" en grupo, quizás quieras tener un folleto preparado que contenga los pasajes reales de las Sagradas Escrituras en lugar de solo las citas. Esto permitirá a las personas revisarlos rápidamente y ver cuál les llama la atención. Si los participantes se comprometen a memorizar un pasaje mientras todavía están juntos en el grupo, es más probable que lo hagan antes de la próxima sesión.

Apéndices para facilitadores

Semana 6
Jesús, recuérdame

No podrás dedicar mucho tiempo, o quizás nada, en esta reunión revisando la experiencia de las personas de memorizar las Sagradas Escrituras durante la última semana. Leer la pasión y debatirla llevará demasiado tiempo.

Esta semana tu enfoque estará en ayudar al grupo a experimentar más plenamente los grandes misterios solemnes de nuestra fe: la muerte y resurrección de Jesús. Aunque no tienes que ser demasiado emocional durante la lectura de los pasajes de las Sagradas Escrituras, trata de mantener un tono respetuoso y reverente en momentos importantes como la muerte de Jesús.

La sección que reflexiona sobre Lucas 22, 47-54 proporciona una meditación corta y guiada donde se les pide a los miembros del grupo que se imaginen a sí mismos como Judas. Lee la meditación tú en lugar de pedirle a otra persona que lo haga para establecer el tono correcto. Aquí hay algunos consejos:

- Lee el pasaje seriamente, pero no de una manera demasiado teatral que atraiga la atención a ti mismo.
- Más lento siempre es mejor con la proclamación. A la gente le lleva tiempo escuchar y asimilar incluso un texto familiar.
- Permite que los miembros del grupo reflexionen internamente sobre sus respuestas a las preguntas en la reflexión guiada. Después de un momento de silencio, pide al grupo que abra los ojos y luego debatan la pregunta 7.
- Si nadie responde de inmediato, permite una pausa silenciosa significativa para obtener una respuesta.

Si le pides a alguien que lea el pasaje de las Sagradas Escrituras que describe la muerte de Jesús (Lucas 23, 44-48), como sugiere la guía, anima a esa persona a permitir al menos un minuto completo de silencio donde se indique. Explica a los miembros del grupo que durante ese tiempo, deben cerrar los ojos y mantener sus mentes enfocadas, tanto como les sea posible, en el sufrimiento y la muerte de Jesús. También pueden arrodillarse si lo desean.

Como las lecturas son largas, quizás no tengas tiempo para revisar la próxima "Conexión con la Cruz esta semana". Si este es el caso, anima a los participantes a leerla por su cuenta. Diles que está destinado a inspirar su Semana Santa al recapitular todo lo que se habló durante las últimas cinco semanas.

Semana 7
Encuentro con el Señor Resucitado

Permite que el gozo de la resurrección fluya en tu grupo pequeño esta semana. Los sacrificios de la Cuaresma deberían conducir a una Pascua más llena de alegría. Si bien el sufrimiento en nuestras vidas probablemente no haya terminado, adquiere un significado y una dimensión adicionales porque el sufrimiento de Jesús venció a la muerte. "Obtenemos una amplia victoria, gracias a aquel que nos amó" (Romanos 8, 37). Reconozcan que *toda la realidad* se renueva. Salúdense con este antiguo intercambio pascual: "¡Ha resucitado!" "¡Es verdad, ha resucitado!" Después del debate, celebren juntos con algo rico, un jugo o incluso champán. De la manera que sea apropiada, ¡celebren!

Asegúrate de dar un tiempo para revisar la "Conexión con la Cruz este año". Anima a las personas a tomar algunas de las sugerencias de la sección "Vivir la alegría de la Resurrección durante todo el año" en su vida diaria. Estas prácticas ayudarán a que las semillas plantadas durante el grupo pequeño cuaresmal echen raíces en lugar de caer en un terreno rocoso donde no puede nacer ningún fruto. Nuestra relación diaria con el Señor en la oración y las Sagradas Escrituras convierte nuestros corazones en "buena tierra", capaces de producir una cosecha de treinta, sesenta e incluso cien veces (Marcos 4, 1-9).

Apéndice (H)

Oración inicial

Hemos proporcionado a propósito una oración inicial guiada para la mayoría de las sesiones porque puede ayudar a las personas que son completamente nuevas en grupos pequeños y oración compartida a sentirse más a gusto. Si todas o la mayoría de las personas presentes ya se sienten cómodas con la oración grupal, involúcralos durante las reuniones posteriores.

Como facilitador, tu objetivo es proporcionar oportunidades para que todos crezcan en guiar la oración. Después de la primera reunión, dile al grupo que darás tiempo al final de tu oración para que otros expresen sus esperanzas para el tiempo que pasen juntos en grupo. Para la Semana 3, podría invitar a otras personas a abrir el grupo con una oración en lugar de usar la oración proporcionada.

Si te sientes cómodo dirigiendo una oración inicial espontánea, siéntete libre de hacerlo tan pronto como lo desees. Esto sería ideal ya que algunas personas nunca han presenciado la oración espontánea. Tal oración demuestra cómo hablar con Dios desde el corazón; también amplía la comprensión del grupo de quién es Dios y la relación que podemos tener con Jesucristo.

Podrías comenzar cualquier semana alabando y agradeciendo al Señor por el don de poder reunirse. Agradécele a Dios por dar a cada persona presente el deseo de sacrificar su tiempo para asistir al grupo. Podrías pedirle al Espíritu Santo que abra los corazones, ilumine las mentes y profundice la experiencia de cada persona de la Cuaresma a través de los pasajes de las Sagradas Escrituras que leerán. Pídele al Espíritu Santo que guíe el debate para que todos puedan crecer a partir de él. Termina diciendo algo como: "Pedimos esto a través de Cristo nuestro Señor" o "Lo pedimos en el nombre de Jesús" y, luego, termina con la señal de la cruz.

Algunos elementos esenciales para la oración espontánea:

- Habla en primera persona del plural: "nosotros". Por ejemplo, "Espíritu Santo, te pedimos que abras nuestros corazones...". Está bien agregar una línea pidiéndole al Espíritu Santo que te ayude a conducir el debate como Él quiera, o algo más en ese sentido, pero la mayor parte de la oración debe ser para todo el grupo.

- Demuestra hablándole directamente a Jesús nuestro Señor. Esto puede sonar obvio, pero entre los laicos católicos no se practica o muestra con frecuencia. Esto es algo muy evangélico, en el sentido de que da testimonio del evangelio. No solo muestra cuánto nos ama el Señor, sino que también demuestra nuestra confianza en que nos escucha. Al decir el nombre de nuestro Señor, nos recordamos a nosotros mismos, así como a aquellos que nos escuchan, que no solo estamos hablando con nosotros mismos. Esto edifica nuestra fe. Aquellos que no están acostumbrados a escuchar a alguien rezar de esta manera pueden sentirse un poco incómodos al principio, pero rápidamente se sentirán más cómodos a medida que escuchen tales oraciones repetidamente. Recuerda: Muchas gracias provienen de rezar "el Nombre que está sobre todo nombre" (Cf. Filipenses 2, 9). Si nunca le rezaste públicamente a Jesús, al principio puedes sentirte infantil, pero pide la humildad de un niño. Después de todo, Jesús dijo que necesitábamos llegar a ser como niños (Mateo 18, 3). Cuanto más le recemos directamente a Jesús en nuestra oración personal, menos incómodo será cuando le recemos frente a otras personas.

- Demuestra una gran fe y confianza en que el Señor escucha tu oración y la responderá. Es fantástico decir en oración: "¡Jesús, confiamos en ti!"

- La oración espontánea se puede cerrar invitando a todos a unirse en una oración de la Iglesia, como el Gloria, el Padre Nuestro o el Ave María. Esto traerá a todos a la oración.

Oración final

Para la oración final, te recomendamos que incluyas la oración espontánea, aunque también uses la oración proporcionada. Ninguna oración escrita puede abordar los pensamientos, preocupaciones, sentimientos e inspiraciones que surgen durante el debate.

Si algunos miembros del grupo ya se sienten cómodos rezando en voz alta con sus propias palabras, invita al grupo a unirse a la oración final de inmediato. Si no, espera una o dos semanas más.

Una vez que sientas que el grupo tiene la familiaridad para evitar que esto sea demasiado incómodo, invítalos a participar. Podrías decirle al grupo que comenzarás la oración final y luego abrirás un tiempo de silencio para que ellos también puedan rezar en voz alta. Asegúrate de que sepan que cerrarás la oración grupal guiándolos a un Padre Nuestro después de que todos hayan terminado de rezar. Esta estructura ayuda a las personas a sentir que el tiempo está contenido y no carece por completo de estructura. También puede liberarlos para rezar en voz alta.

A continuación, se presentan algunas formas posibles de introducir a tu grupo en la oración espontánea oral. No leas estas sugerencias textualmente, ponlas en tus propias palabras. No es propicio para ayudar a las personas a sentirse cómodas rezando en voz alta espontáneamente si rezas siguiendo un libro.

"La oración final es un gran momento para tomar las reflexiones que hemos compartido, presentárselas a Dios y pedirle que nos ayude a hacer realidad cualquier inspiración en nuestras vidas. A Dios no le importa cuán bien hablamos o nos expresamos cuando rezamos; a nosotros tampoco debería importarnos. No juzgamos las oraciones de los demás. Recemos desde nuestros corazones, sabiendo que Dios escucha y se preocupa por lo que decimos, no por qué tan perfectamente lo decimos. Cuando rezamos algo en voz alta, sabemos que el Espíritu Santo está obrando poderosamente dentro de nosotros porque es el Espíritu quien nos da el coraje para hablar".

"Esta noche, para la oración final, expresemos cada uno nuestras necesidades ante los demás; entonces nos turnaremos para poner nuestra mano derecha sobre el hombro de la persona a la derecha de nosotros y rezar por esa persona. Después de que cada uno de nosotros exprese sus necesidades de oración, comenzaré rezando por Karen, que está a mi derecha. Eso significa que necesito escuchar atentamente cuando ella nos dice por qué necesita rezar. Es posible que no recordemos las necesidades de todos, así que asegúrate de escuchar bien a la persona a tu derecha. Primero expresaré mis necesidades de oración; luego iremos en ronda hacia la derecha. ¿De acuerdo? ¿Alguien tiene alguna pregunta?"

Conexión con la Cruz esta semana

Estos ejercicios semanales de oración y reflexión permiten a Jesús entrar más plenamente en tu corazón y en el de los miembros de tu grupo pequeño. Si no le damos a Dios el tiempo que le permita trabajar en nosotros, experimentaremos mucho menos fruto de nuestros debates en grupos pequeños. La oración y la reflexión enraízan y riegan las semillas que se plantaron en el grupo pequeño. Sin ellas, el sol quema la semilla, y se marchitará y morirá, "por falta de raíz" (Marcos 4, 6).

Encontrar a Cristo durante la semana por nuestra cuenta nos permite estar "arraigados [...] en Él" (Cf. Colosenses 2, 7) y beber profundamente del "agua viva" (Juan 4, 10) que Él anhela derramar en nuestras almas.

Revisa la sección "Conexión con la Cruz esta Semana" con anticipación para que estés familiarizado con ella y, luego, revísenla juntos en grupo durante cada reunión. Esto les mostrará a todos que es una parte importante del grupo pequeño. Pide comentarios cada semana sobre cómo van estos ejercicios de oración y reflexión. Sin embargo, no dediques demasiado tiempo a este tema, especialmente en las primeras semanas, cuando los miembros aún están aprendiendo a sentirse cómodos juntos y acostumbrándose cada vez más a rezar por su cuenta.

Preguntarles sobre su experiencia con la oración o el ejercicio espiritual recomendados te ayudará a saber quién tiene hambre de crecimiento espiritual y quién podría necesitar más motivación. El testimonio de las historias de los participantes en relación a sus tiempos de oración puede encender el interés de otros que están menos motivados para rezar.

Acerca de The Evangelical Catholic

The Evangelical Catholic (EC) es un ministerio católico de consultoría sin fines de lucro con sede en Madison, Wisconsin. Fue fundado por Tim y Sandy Kruse en 1997 para preparar a los católicos laicos ordinarios para vivir la gran comisión.

Tim y Sandy comenzaron un grupo pequeño de católicos laicos en su casa. Este grupo experimentaba poderosamente a Jesús a través de una amistad íntima, ricos debates sobre las Sagradas Escrituras y experiencias sacramentales compartidas. Después de un año, las personas de este grupo salieron a formar sus propios grupos pequeños con amigos, compañeros de trabajo, vecinos y familiares que esperaban que llegaran a experimentar a Jesús de la misma manera. Además de dirigir los debates semanales de los grupos pequeños, los líderes realizaban reuniones individuales con la gente de sus grupos para acompañarlos en una práctica profunda del discipulado. Con inmensa alegría, estos líderes experimentaron que podían crear discípulos por el poder del Espíritu Santo que recibieron en el Bautismo.

Llenos del Espíritu Santo, estos líderes generaron un movimiento de evangelización que se extendió para llegar a más y más personas. A medida que se corría la voz sobre este movimiento de evangelización en expansión, EC ayudó a otros ministerios a lanzar a los laicos a la misión liderando eventos de entrenamiento, escribiendo guías para grupos pequeños y viajando a ministerios a lo largo de los Estados Unidos.

Para ser accesibles a aun más ministerios de todo el mundo, EC creó su servicio de capacitación en línea Reach More™ para brindar entrenamiento y consultoría a pastores y líderes laicos que encienden la misión evangelizadora en sus comunidades. Hasta el día de hoy, The Evangelical Catholic ha trabajado con cientos de parroquias, ministerios universitarios y capellanías en todo el mundo.

The Evangelical Catholic se complace en asociarse con los líderes de ministerios católicos para preparar a los católicos ordinarios para vivir la gran comisión.

Puedes obtener más información en www.evangelicalcatholic.org.

www.ingramcontent.com/pod-product-compliance
Lightning Source LLC
Chambersburg PA
CBHW070102080526
44586CB00013B/1162